2억 빚을 진 내게
우주님이 가르쳐준
운이 풀리는
말버릇

2억 빚을 진 내게
우주님이 가르쳐준
✳운이 풀리는
말버릇

고이케 히로시 지음 · 이정환 옮김

나무생각

"포기하지 마."

인생의 밑바닥을 맛보고 있던 그때,
나는 벼랑 끝에서
아주 강력하고 자신감 넘치는
우주님을 만났다!

12년 전의 나는,
내가 꿈꾸었던 것과는 전혀 다른 예상 밖의 결과 때문에
인생이 궤멸될 상태에 놓여 있었다.

나는 7년 동안 모은 돈으로 집 근처에 가게를 냈다.
그동안 꿈꾸었던 의류점이었다.
그렇게 꿈꾸었던 일이었지만 상품은 팔리지 않았고
파리만 날리는 날이 계속되었다.
하지만 그만둘 용기도 없었던 나는
꿈을 접을 수는 없다는 생각에 빚을 냈다.
처음에는 은행에서만 돈을 빌렸지만
부족해지자 소비자금융에도 손을 내밀었고
결국 사채에까지 손을 댔다.
그리고 정신을 차렸을 때에는,
총 2천만 엔(약 2억 원)이 넘는 빚이 내 어깨를 짓누르고
있었다.

변호사를 찾아가 상담해도

"이제 파산하는 수밖에 없습니다."라는 말만 돌아왔다.

모든 사람들이 나를 포기하고 있었다.

그렇다. 나조차도.

친구는 물론이고 애인과도 헤어진 나는

인생의 밑바닥에 내동댕이쳐진 상태였다.

운전을 하고 있어도, 화장실에 앉아 있어도

참을 수 없는 눈물이 흘러내렸다.

"죽는 게 편할지 몰라."

그런 생각이 끊임없이 머릿속을 스쳤지만

내 빚보증을 서준 사람이 부모님이라서 죽을 수도 없었다.

어떻게 해야 좋을지 몰랐다.

그러던 어느 날 밤, 나는 욕조에서 눈물을 흘리고 있었다.

"모든 것이 끝나버리면 편할 텐데…."

그때, 어디선가 목소리가 들려왔다.

"포기하지 마. 포기하지 마."

그것은 내 마음의 목소리였다.
샤워기의 물줄기와 눈물이 뒤섞인 몰골로
나는 중얼거리고 있었다.

"이제 의지할 게 아무것도 없어요.
제발 좀 도와주세요. 하느님, 부처님, 조상님, 우주님!"

바로 그때였다.

○○○	오랜만이야!
히로시	오랜만…이라니?
	저는 누구신지 모르겠는데요.
	저리 가세요.
○○○	이봐, 모처럼 재미있는 일을 만들어놓고
	지금 그만두면 아깝잖아!
히로시	재미있는… 일?
	아니, 그보다 도대체 누구세요?
○○○	나?
	네가 조금 전에 불렀잖아.
	'우주님!' 하고.
히로시	네? 우주님?
자칭 우주	뭐, 실제로는 교신을 담당하고 있는 것뿐이지만.
	그래서? 나를 부를 정도라면 너 정말로 해볼
	생각이 있는 거지?
히로시	네? 뭘…?
자칭 우주	뭐냐니,
	우주에 주문을 하는 것 말이야.
	그렇게 하려고 나를 부른 거잖아.

히로시　우주에 주문을? 주문이라니 무슨…?

자칭 우주　너, 빚 때문에 머릿속이 엉망진창이지?

주문이 뭐냐고?

너의 소원을 내가 우주에 전달해주는 거잖아!

히로시　소원? 우주에 소원을? 저는 지금 우주에 소원이나

빌고 있을 상황이 아닙니다.

지금 저의 인생은 죽느냐, 아니면 어딘가에 콕

숨어버리느냐 하는 길밖에 남아 있지 않다고요.

자칭 우주　숨어? 그거 좋지!

2천만 엔의 빚을 피해서 숨어버린다….

그리고, 그리고… 인생 대역전!

흐음, 꽤 재미있는 일 같은데….

히로시　재미있는 일이라니요?

지금 제게는 그것밖에 선택의 여지가 없습니다.

자칭 우주　그러니까 너의 주문은

대역전극을 바란다는 거잖아?

히로시　네? 저의 인생이 역전될 수 있다고요?

자칭 우주　응? 될 수 있는 게 아니라 당연히 되지.

그래서 나를 부른 거잖아?

히로시 아, 아니, 그게… 상대방이 누구인지조차 모르고
있는데 무슨….

자칭 우주 에이, 정말 피곤하네. 그러니까 주문을 할 거야,
말 거야?
뭐든지 들어줄 테니까 빨리 결정하라고!

히로시 뭐든지? 정말이요?
그, 그럼 부탁합니다!
인생 대역전! 아, 숨어 사는 것은 싫어요!
정말 들어주실 건가요?

자칭 우주 당연하지. 우주는 두말하지 않아.
'규칙'만 정확하게 지키면 돼.

히로시 규칙? 그게 뭔데요?
이 상황에서 벗어날 수만 있다면
뭐든지 하겠습니다.

그날부터 강력하고 자신감이 넘치는
우주님의 스파르타 수업이 시작되었다.
소원을 이루는 힌트를 전해 듣고 그것을 매일 실행한 나는
9년 만에 2천만 엔의 빚을 완전히 변제할 수 있었다.
그리고 가족과 함께 당시의 나로서는 상상조차 할 수
없었던, 마치 꿈처럼 행복한 나날을 보내게 된다.

우주님은 정말 대단한 분이다!

2부　드라마틱한 상황을 좋아하는 우주

등 장 인 물

히로시 (본명: 고이케 히로시)

36세. 센다이(仙台)에 살고 있다. 트럭 운전을 하면서
7년 동안 모은 돈을 투자해 그동안 꿈꾸었던 의류점을
열었다. 무모하게 시작했지만 고객은 찾아오지 않았고,
유지비와 제품 구입비용 등이 더해져 2천만 엔(그중
사채가 600만 엔)의 빚을 지게 된다. 매달 변제 금액이
40만 엔을 넘지만 원금은 줄지 않아 파산 지경에
이르렀고 자살 직전까지 상황이 몰린다. 눈물을 흘리며
'조상님', '하느님', '부처님', 자신을 도와줄 절대 신을
찾는데, "우주님!"을 외치자 모히칸 헤어스타일의 진짜
우주신이 눈앞에 나타난다. 그 후 우주님의 스파르타
수업을 받음으로써 빚을 변제하고 인생을 역전시키기
위한 도전에 나선다.

우주님 (본명: 위대한 우주신)

히로시의 비명 같은 외침을 듣고 갑자기 나타나
자칭 '우주신'이라고 말한다. 늘 강한 말투를
사용하지만 아무래도 히로시를 예전부터 알고 있는
듯하다. 스파르타식 지도를 통해서 히로시의 인생을
역전시켜주기 위해 노력한다. 히로시의 마음의 눈에만
보이는 존재. 우주로 오갈 때에는 샤워기 헤드를
이용하는데, 발치의 '샘물'을 이용해서도 자유롭게
이동한다. 이름을 물어보는 히로시에게 "위대한
우주신이라고 불러."라고 했지만, 독자들이 기억하기
어려울 것 같아 여기서는 간단히 '우주님'으로
부르기로 한다. 그럼에도 '우주신'이라고 불러달라고
끈질기게 요구한다.

1부

불가사의한 우주의 규칙

부정적인 말도 우주에 보내는 주문이다

"위험해. 이제는 환각까지 보게 되었어."

욕조에서의 묘한 사건 이후, 나는 욕실에서 비틀거리며 나와 냉장고에서 발포주發泡酒; 맥아 비율이 67% 미만인 맥주를 꺼냈다.

"침착해야 돼. 그래, 침착해야 돼."

피식!

캔 뚜껑을 열어 꿀꺽꿀꺽 발포주를 목구멍으로 흘려넣고 한숨을 돌린 뒤에 소파에 앉으려 할 때였다.

"이봐! 나 있어. 뭉개지 마!"

갑자기 고함 소리가 날아와 나도 모르게 튕기듯 몸을 일으켰다.

"뭐야! 아직도 가지 않았어요?"

"당연하지! 네가 불렀잖아!"

"불러요? 제가요? 아니, 당신 대체 누구입니까? 여기서
뭘 하고 있는 거예요?"

"아까 내 소개는 했잖아! 기억력이 왜 이래!"

"…아야!"

"뭐 하는 거야? 뺨은 왜 꼬집는데?"

"갑자기 샤워기에서 나와 '안녕. 나는 우주신이야.'
하고 말하니, 이건 지금 제 머리가 이상해졌거나 악몽을
꾸고 있거나 둘 중 하나가 틀림없어요."

"그런 생각이나 하다니! 그보다 너, 아까 나한테
말했지? '이 상황에서 벗어날 수만 있다면 뭐든지
하겠습니다.'라고. 어떻게 할 거야? 할 거야? 말 거야?"

"네?"

"도대체 언제까지 우물거리고 있을 거야?"

"알겠습니다. 그럼 저는 앞으로 어떻게 해야
좋을까요?"

"내 말을 제대로 듣긴 한 거야? 인생을 역전시켜야 할
거 아냐? 그렇게 하려면 주문을 하라니까! 싫으면 나는
그냥 가고!"

"아, 아닙니다! 하겠습니다! 그런데 그 주문을 어떻게
해야 합니까?"

"뭐야? 그것도 잊어버렸어?"

"아니, 잊어버렸다기보다… 휴, 모르겠습니다."

"그럼 가르쳐주기 전에 말이야…."

"네? 뭡니까?"

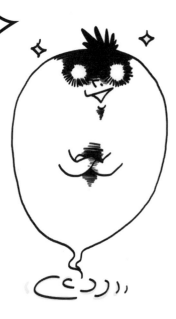

너의 주문은
이미 전부 이루어졌어!

"네?"

"너의 바람은 지금까지 모두
현실로 이루어졌다고. 지금의
히로시는 너의 이상이었던,
네가 바라던 히로시라고."

"네? 사업에 실패해서 2천만
엔이나 되는 빚을 진 제가요?
놀리지 마십시오."

"생각해봐. 너는 늘 주문을 하고 있었어! '안 팔리네, 안 팔려. 오늘도 안 팔려.'라고."

"그게 무슨 말입니까?"

"나는 네가 주문한 대로 이루어지도록 해줄 뿐이야."

"마, 말도 안 돼요!"

말과는 달리 나는 커다란 충격을 받았다.

확실히 나는 매일 그렇게 중얼거리고 있었다.

"역시 안 팔려."

"내가 디자인한 티셔츠는 매력이 없는 것일까?"

"이 상태로는 빚을 도저히 갚을 수 없어."

"아, 틀렸어. 이건 무리야."

생각해보면, 지난 몇 년 동안 즐거운 말이나 긍정적인 말은 해본 기억이 없을 정도다.

설마 그 모든 것이 우주로 보내는 주문이 되어버렸다는 것일까?

"바로 그거야. 너는 결과를 정해놓고 주문을 했어. 나는

우주에 그걸 확실하게 전했고, 결국 네가 원하는 대로
이루어지도록 해준 거지."

　그렇게 말하고 나서 우주님은 냉장고 쪽으로 둥실둥실
날아가 냉장고를 열더니 "나도 한 잔 마셔볼까." 하고
발포주를 꺼내려 했다.

　"잠깐! 안 돼요. 저의 유일한 즐거움을 빼앗지
마십시오! 지금 저에게는 그 발포주 외에 다른 걸 살
돈이 없습니다!"

　그렇게 말하고 나는 발포주를 꺼내지 못하도록
온몸으로 막았다. 발포주는 저녁 식사를 100엔 이하의
컵라면으로 때우면서까지 간신히 확보하고 있는 나의
유일한 즐거움이었다.

　"그래? 그 주문도 들어줄게."

　"네?"

　"저에게는 그 발포주 외에 다른 걸 살 돈이
없습니다.'라는 주문 말이야."

　"그게 무슨…?"

　"그러니까 감사하라고. 네가 하는 말은 모두 들어주고
있으니까."

"그… 그런, 아, 아니, 하지만 그건 아니지요. 모든
말을 다 들어준다니, 말도 안 돼요. 저는 '제발 어떻게 좀
해주세요.'라는 식으로 기도했습니다. 늘 그렇게 했어요.
하지만 그런 소원은 들어주지 않았잖아요!"

"이봐, 너 지금 그게 무슨 말이야? 어떻게 좀 해달라니!
너는 음식점에 가서 '어떻게 좀 해주세요.'라고
주문하냐? 너 바보야?"
"아, 아니…, 그럼 '빚을 전부 갚게 해주세요.'라고
주문을 하면, 그건 들어주시나요?"
"'빚을 전부 갚게 해달라'고? 아…, 너 정말 다 잊어버린
거냐? 어쩔 수 없지. 처음부터 다시 가르쳐줘야겠다.
귀찮기는 하지만."

"잠깐 기다려."
그렇게 말하고 발치의 샘물처럼 보이는 '무엇인가'로
스르륵 사라진 우주님은, 다음 순간 "영차!" 하고 신음
소리를 내며 작은 칠판을 가지고 나타났다. 그리고 방
한가운데에 칠판을 내려놓은 뒤, 잠깐 뭔가 생각하는
표정을 짓고는 욕실로 들어갔다.

"아, 이게 아닌데.", "이렇게 해야 되나?" 하고
중얼거리는 목소리가 들리더니, 잠시 후 우주님이 욕실
문을 열고 밖으로 나왔다.

"히로시! 준비는 됐지? 우주의 구조를 알고 싶어?"
"……."
"대답을 해, 히로시!"
"네, 네. 그게… 뭔데요?"
"각오는 되었지? 우주의 구조를 확실하게 알려주겠어!"
"…구조?"

"이제부터 인생 대역전을 이루려는 사람이 우주의 구조를 모르면 어떻게 하겠어? 우주의 구조는 지구하고는 달라. 우주에 주문을 하는 구조를 가르쳐줄 테니까 잘 들어! 지금부터 올림픽에 나간다는 생각으로, 죽을 각오로 잘 들어야 해!"

"올림픽이요? 아니, 그건 무리입니다."

"그럼 빚더미에 깔려 죽어야지!"

"아, 아닙니다!"

"그럼 각오하라고. 구조만 알면 어렵지 않아. 단, 네가 가장 먼저 해야 할 일은 각오를 정하는 거야. 무엇을 어떻게 할 것인지 아무것도 정해져 있지 않잖아. 지금 정하라고! 지금 당장! 빚을 갚을 거야, 안 갚을 거야? 어떻게 할 건데?"

"그, 그야…. 하지만 2천만 엔은 큰돈 아닙니까. 그렇게 간단히 갚을 수 없다고요."

"…아, 그래? 그럼 갚을 수 없겠네. 그런 생각으로는 절대로 갚을 수 없어. 그래, 갚을 수 없지. 죽어도 갚을 수 없어. 다시 태어나도 갚을 수 없어."

"무, 무슨 말을 그렇게 합니까?"

"지금 네가 말했잖아. '갚을 수 없다'고. 네가 '갚을 수 없다'고 말하면 '갚을 수 없다'는 말이 우주에 전달되지. 그리고 '갚을 수 없다'는 것이 현실이 되는 거야."

"너무합니다. 저는 그래도 최선을 다하고 있어요. 최선을 다하고 있지만 갚을 수 없다는 겁니다."

"오… 그래? '최선을 다하고 있다'고? '최선을 다하고 있지만 갚을 수 없다'고? 그럼 영원히 최선을 다해도 갚을 수 없겠네. 최선을 다해도… 갚을 수 없다니, 그것 참 안됐다."

"……."

"쯧쯧쯧…."

가볍게 혀를 찬 우주님이 칠판에 글을 쓰기 시작했다.

"이것이 우주의 규칙이야!"

"우주의 규칙?"

스파르타식 학원의 강사처럼 변신한 우주님은 짧은 손으로 칠판을 가리키며 설명하기 시작했다.

"멍청하게 앉아 있지 말고 노트 꺼내! 이게 얼마나 중요한 수업인데!"

"네? 노트요? 아, 네!"

나는 서둘러 우주님이 칠판에 쓰는 내용들을 노트에
옮겨 적었다.

완료형
말버릇으로
바꾼다

먼저 결론부터 말하겠다.

소원을 이루려면 세 가지 규칙이 있다.

- 결과를 정하고 우주에 주문을 낼 것
- 우주로부터 오는 힌트는 처음 0.5초 내에 곧바로 실행할 것
- 말버릇을 긍정적으로 바꿀 것

우주는 우주의 넘치는 에너지를 증폭시키는 장소이며, 그 에너지를 눈앞에 형태로 만들어낸다. 이것이 우주의 성질이다. 그 에너지의 파동으로서 우주가 가장 받아들이기 쉬운 것은 그 사람이 믿고 있는 대상이나 말이다. 즉, 평소

에 자주 사용하는 말버릇이다. 자기도 모르게 입 밖으로 튀어나오는 말, 즉 말버릇은 본인이 마음속으로 믿고 있는 '인생의 대전제'라고 생각하면 된다.

"나는 역시 대단해."
"나는 역시 쓸모없는 사람이야."

당신의 말버릇은 어느 쪽인지 생각해보길 바란다. 말버릇을 통해서 그 사람이 마음속으로 무엇을 믿고 있는지 단번에 알 수 있다. 입 밖으로 나오는 말은 진동을 한다. 말에는 영혼이 깃들어 있다. 우리는 예전부터 말에 강력한 에너지가 깃들어 있다는 사실을 알고 있었다.

사람은 잠재의식을 통하여 평소의 말버릇을 우주로 보낸다. 우주에서 증폭되기를 바라는 에너지를 스스로 선택하고 끊임없이 주문을 하고 있는 것이다.

평소에 무슨 말을 하는가에 따라 인생이 바뀌고, 소원이 이루어진다는 말을 들은 적이 있을 것이다. 그런 말이 존재하는 이유는, 말이 곧 우주로 보내는 주문이기 때문이다. '소원이 이루어지는 구조'를 간단히 말하면 자신이 입 밖으로 꺼낸 말이 그대로 증폭되는 것이다. '말로 표현한 소원이 이루어지는' 구조는, 자신이 한 말에 포함되어 있는 에너지를 우주 공간이 증폭시켜 되돌려주는 과정에 의해 나타나는 결과다.

"팔 수 없어."

"할 수 없어."

"갚을 수 없어."

따라서 히로시가 평소에 자주 입에 담는 이런 '자학적인 말버릇'도 전부 증폭되고 있었다. 그 결과, '팔 수 없는', '할 수 없는', '갚을 수 없는' 현실이 눈앞에 나타난 것이다.

사람들이 빠지기 쉬운 세 가지 말버릇 패턴이 있다. 첫 번째는 이 자학적인 말버릇이고, 두 번째는 "어떻게 좀 해주세요."라는 '어정쩡하게 바라는 말버릇', 세 번째는 '꿈꾸는 듯한 말버릇'이다.

우주의 힘은 '에너지를 증폭시키는 것'인데, 거기에 대고 "어떻게 좀 해주세요."라고 말하면 무슨 의미가 있을까. 우주는 "어떻게 좀 해주세요."라는 에너지를 증폭시킨다. "어떻게 좀 해주세요.", "어떻게 좀 해주세요.", "어떻게 좀 해주세요."… 그 결과, 어떻게 될까? "어떻게 좀 해주세요."라고 말할 수밖에 없는 상황이 끊임없이 밀려온다.

같은 의미에서 세 번째의 '꿈꾸는 듯한 말버릇'도 버려야
한다.

"세계 일주를 하고 싶어!"

"연봉 2천만 엔을 받고 싶어!"

이런 '~하고 싶다'는 주문은 "지금 세계 일주를 할 수는
없지만 언젠가는 하고 싶어."라는 에너지를 증폭시킨다. 그
결과, 영원히 '세계 일주를 꿈꾸기만 하는' 현실을 낳는다.

우주는 좋고 나쁜 것을 판단하지 않고 해석을 하지도 않
는다. 그런 건 전혀 존재하지 않는다. 오직 사람들이 입 밖
으로 표현한 말을 증폭시켜 현실로 나타낼 뿐이다. 그 현실
을 한탄한다고 해도 우주의 입장에서 보면 "응? 너 자신이
그렇게 말했잖아. 그걸 나는 충실하게 재현해주었는데 왜
불만이야?"라고 의문을 가질 것이다.

우주는 "히로시가 왜 이런 말을 하지? 마음속으로는 어떤
생각을 가지고 있는 것일까?", "이렇게 힘든 주문을 하고 싶
었을 리는 없어."라는 식의 해석은 절대로 하지 않는다. "자,
네가 직접 말해!" 하고 귀를 기울여 들은 뒤에 그 말을 충실
하게 증폭시켜 현실로 그대로 나타낼 뿐이다.

소원이 이루어지기를 바랄 때, 사람들이 할 수 있는 것은

'결과를 정하고 주문을 하는 것'뿐이다. 마음속으로 확실하게 '정한 것'을 분명하게 입 밖으로 표현하여 주문을 하는 것, 그리고 그것을 말버릇으로 갖는 것이다. 그렇다. 마치 각인을 시키듯 소원이 이루어진 상태를 자신의 마음속 깊은 곳까지 침투시켜 확신을 가져야 한다.

이것은 커피숍에서 주문을 하는 것과 같다. 카페라테를 마시고 싶으면 "카페라테 주세요."라고 명확하게 주문을 해야 한다. "뭔가 마시고 싶은데요."라는 식으로 애매한 주문을 하는 바보는 없다. 또한 커피를 주문해놓고 "혹시 커피가 아니라 홍차가 나올지도….."라거나 "주문은 했지만 커피를 내주지 않을지도 몰라."라고 걱정하는 바보도 없을 것이다.

우주에 보내는 주문도 마찬가지다. 보다 명확하게 결과를 정하고 주문을 해야 한다. 그리고 그 결과를 믿고 기다린다. 이제 세 가지 잘못된 말버릇은 버리기로 하자. 그렇다면 정답은 무엇일까? 바로 '완료형 말버릇'을 사용해야 한다는 것이다.

"세계 일주를 했다."

"연봉 2천만 엔을 받았다."

이런 식으로 명확한 결과를 말로 표현하는 것이다.

빛을 갚기 위해
맨 처음으로
선택한 말

"지금 말한 대로 네가 한 말은 전부 이루어지게 해줄게.
뭐, 지금까지도 이루어져왔고, 특별히 이루고 싶지
않아도 자연스럽게 이루어지는 것이지만. 우주는 단지
네가 한 말의 에너지를 증폭시켜줄 뿐이야. 네가 만약
정말로 인생 대역전을 생각한다면, 결과를 정하고 내게
주문을 하면 돼."

"…그렇다면 저는 빚을 갚고 싶습니다."

"그게 아니지. '하고 싶다'는 말이 결과를 정한
주문이야? 응? '빚을 갚고 싶다'는 바람이라면, 이미
이루어진 거야. 그래서 너한테는 지난 몇 년 동안 '빚을

갚고 싶다'는 상황이 이어져온 거고!"

"아! 그렇군요. 그럼… 저는 빚을 갚겠습니다!"

"결과니까 과거형이어야지!"

"네! 저는 빚을 갚았습니다!"

"언제? 언제 갚았는데?"

"그게… 기한도 필요한가요? 그럼 10년 후에! 10년 후에 2천만 엔을 갚았습니다."

"빚을 갚고 어떻게 할 건데? 빚을 왜 갚았는데?"

"네? 어떻게 할 거냐고요? 그게, 그러니까… 행복해지기 위해 갚았습니다! 아니, 행복해졌습니다."

"좋았어! 그럼 다시 한 번! 처음부터!"

"저는 10년 만에 빚을 갚고 행복해졌습니다!"

"좋아! 각오를 정했으니까 시작하자!"

"아, 네!"

"여기에서는 '네.'가 아니라 '파이팅!'이라고 말해야지. 분위기를 읽을 줄 모르네."

"아, 파이팅!"

"좋아. 그럼 잠깐 다녀올게."

우주님은 "우주에 주문을 전달하고 올게." 하고 욕실 문을 열고 샤워기 속으로 슥 사라져버렸다.

인생의 난이도를 설정한 사람은 자신이다

이렇게 해서 거의 강제로 우주님에게 "10년 만에 2천만 엔의 빚을 변제했다."는 주문을 했지만 2천만 엔의 빚이 다음 날 사라질 리는 없고 갑자기 복권에 당첨될 리도 없었다.

어느 날, 친구로부터 영화 티켓을 받은 나는 몇 년 만에 영화관에 가게 되었다.

영화는 인생을 대역전시키는 남자의 이야기였다. 크리스 가드너라는 사업가의 실화를 영화화한 것이었다.

크리스가 하는 일은 골밀도를 측정하는 의료기기를 병원에 판매하는 것이었다. 일확천금을 노리고 시작한

사업이었지만 의료 지식도 없는 크리스가 고액의
의료기기를 쉽게 팔 수 있는 것도 아니어서 얼마 지나지
않아 집세도 낼 수 없는 빈곤한 생활에 몰렸다.

어느 날, 의료기기를 들고 길을 걷고 있던 크리스는
빨간 페라리를 타고 있는 남성을 만난다. 그는 크리스가
볼 때 성공한 사람의 모습 그 자체였다.

크리스는 그에게 이렇게 물었다.

"당신에게 두 가지만 물어보고 싶습니다. 당신의
직업은 무엇이고 성공을 한 비결은 무엇입니까?"

그는 미소를 지으며 "저는 주식 중개인입니다."라고
대답했다.

"그 일을 하려면 대학을 나와야 합니까?"라고 묻는
크리스에게 그는 "아니요. 숫자와 사람에게 강하면
됩니다."라고 대답하고 크리스의 어깨를 툭 두드리고는
멀어져 갔다.

크리스는 자기도 모르게 미소를 지었다. 거리를 걷는
모든 사람들이 행복하게 보였고 자신도 그렇게 되고
싶었다.

크리스는 즉시 증권사에 취직하기로 결정했다.
증권사의 어려운 면접에서 유머와 기지를 발휘하여

합격한 그는, 인턴으로 연수를 받게 되었다. 그러나 인턴 기간 중에는 급료가 없었다. 그에게 지치고 실망한 아내는 급기야 집을 나갔고, 크리스는 아들과 함께 노숙 생활을 하기에 이르렀다.

영화에 빠져 있는 내 앞에 우주님이 나타나 말했다.

"뭐야, 히로시! 재미있는 영화를 보고 있는 줄 알았는데, 집세를 내지 못해서 노숙이라고? 인생의 밑바닥이네? 이거, 네 이야기 같은데! 하하하!"

"뭐, 뭡니까! 그만하고 조용히 좀 계세요!"

내가 감정에 사로잡혀 눈물을 흘리며 영화를 보고 있는 동안, 우주님은 계속 말을 걸어왔다.

"허어, 그야말로 네 이야기야!"

"노숙이라니! 너도 이제 노숙해야 되잖아!"

"이런, 이번에는 기자재를 도둑맞았네!"

우주님은 배꼽을 잡으며 웃음을 터뜨렸다.

확실히 돈이 없고, 집세를 내지 못하고, 먹을 것도 없고, 학력도 없고, 사람들에게 이용이나 당하고… 그런 상황은 현재의 나와 비슷했다. 하지만 시간이 흐르면서 허무한 기분이 들었다.

"저 사람은 좋겠습니다. 어쨌든 이건 영화잖아요. 지금은 공중화장실에서 잠을 자는 저런 심각한 상황에 놓여 있지만 마지막에는 해피엔딩일 것 아닙니까. 영화는 마무리가 좋게 끝나니까."

"응? 그야 당연한 거 아냐?"

영화는 역시 해피엔딩이었다. 마지막 장면을 보면서 나도 모르게 이렇게 중얼거렸다.

"좋겠다…. 인생이 영화 같으면 얼마나 좋을까."

"이봐, 히로시, 지금 뭐라고 했어?"

"네? 저의 인생도 영화처럼 된다면 어떤 고통이 있더라도 즐겁게 이겨낼 수 있을 것 같다고요."

"너 바보냐?"

"네? 아니, 영화처럼 되면 좋겠다는 게 이상한가요? 영화는 현실과는 다르잖아요."

"그 반대지. 인생은 영화와 똑같은 거야."

"네?"

"이 영화는 실화잖아. 그럼 너도 그렇게 될 수 있지."

"그렇게 될 수 있다니…."

"빚 때문에 허덕이던 크리스가 대체 뭘 했지?"

"빨간 페라리를 보고, 그 차를 타고 있는 사람에게
'어떻게 하면 당신처럼 될 수 있습니까?'라고 물어보았고,
증권사에 취직하겠다고 결심했지요."

"그래. 그게 주문이야."

"주문?"

"그게 바로 우주에 보내는 주문이라고. 그러고 나서
어떻게 했지?"

"증권사에 인턴으로 지원했고 노숙을 하면서도
포기하지 않고 목표를 향해 달렸지요."

"그 주인공을 너라고 생각한다면?"

"네? 저요? 글쎄요…. 빚을 10년 안에 변제하겠다고
결정했으니까, 어떻게 갚을 것인지 생각하고,
행동하고…, 아니, 저의 인생은 영화가 아닙니다."

"뭐가 다른데?"

"크리스는 훌륭한 사람이고 재능이 있었잖아요."

"크리스도 처음에는 평범한 사람이었어."

"하, 하지만 현실이 영화나 롤플레잉게임처럼 그렇게
뜻대로 되는 것은 아니지요."

"이봐, 히로시, 지금 너는 '그렇게 뜻대로 되는 것이

아니지요.'라고 말했지? 영화의 불행과 인생 게임의
난이도가 애초에 다르다는 거잖아?"

"네…."

"이봐, 잘 들어. 인생은 영화나 게임 세계 그 자체야."

"잘될 리가 없어." 라는 말버릇은 금지

　사람의 일생은 영화 속의 내용과 같다. 정해져 있는 엔딩을 향하여 플레이하는 것이니까 해피엔딩을 설정하면 반드시 해피엔딩이 된다. 인생은 영화 속의 세계를 실제로 즐기는 것이다. 곤란한 상황에 맞서기도 하고 적을 쓰러뜨리기도 하는 과정을 마음껏 즐기는 것이다.

　사실 지구는 매우 특수한 장소다. 행동이라는 개념이 존재하는 것은 우주 전체에서 지구뿐이다. 우주라는 공간에서는 소원을 이루기 위한 행동 같은 것이 필요 없기 때문이다. "하와이에 가고 싶다."의 '하'가 머릿속에 떠오르는 순간, 눈앞에는 하와이의 바다가 펼쳐지고 "카레를 먹고 싶다."의 '카'를 생각한 순간, 카레가 눈앞에 나타난다.

그렇다면 왜 지구가 존재하는 것일까. 그 이유는 우주에서는 할 수 없는 경험을 할 수 있는 장소이기 때문이다. 생각을 하는 순간에 무엇이건 형태가 되어버리는 상황이 계속 이어지면 별 재미가 없다. 우주에 질린 패거리들은 "스릴을 맛보고 싶어.", "체험을 해보고 싶어.", "행동을 하고 싶어.", "성취감을 맛보고 싶어." 하면서 소란을 피운다.

그래서 우주는 굳이 지구를 만들었다. 굳이 행동을 해서 드라마틱한 경험을 즐길 수 있는 세계, 그것이 지구다. 즉, 지금 지구에 존재하는 모든 사람은 자신이 주인공인 영화 속에서 인생을 즐기고 있는 것이다. 결과는 주문을 이미 보냈기 때문에 남은 것은 그 과정을 즐기고 연기하고 플레이하는 것뿐이다.

우선, 영화의 장르와 엔딩을 정하자. 액션영화의 주인공이 될 것인지, 뜨거운 연애를 해서 해피엔딩을 만들 것인지 자신이 주연인 영화의 캐치카피를 정하는 것이다. 히로시라면 '눈물바다에 잠겨 있던 히로시, 기적적인 인생 대역전!'이 될 수 있다.

캐치카피를 정했으면 결말을 향하여 그 역할을 충실하게 연기하면 된다. 걱정할 필요는 전혀 없다. 도중에 아무리 비극적인 스토리가 전개된다고 해도 결과는 정해져 있으니까 안전하지 않은가. 마음껏 즐기면 된다.

단, "잘될 리가 없어."라는 말을 하는 사람에게는 너무나 비극적인 스토리가 준비되어 있거나 엄청나게 강력한 적이 등장한다. 아니, 그런 말을 해서는 해피엔딩 자체를 설정하기 어렵다. 그 말이 어떤 영화를 만들 것인가 하는 주문이자 시나리오이기 때문이다.

인생도 마찬가지다. 우주에 주문을 보냈으면 결과는 정해져 있는데, 왜 쓸데없이 "잘될 리가 없어."라는 생각을 해서 굳이 비극으로 만들려고 할까. 왜 난이도를 10으로 설정하려고 할까. 아무리 지구가 행동을 즐기는 장소라고 해도 그렇게까지 극단적으로 밑바닥까지 전락해서 불행을 한탄하다 보면 너무 부정적인 경험이 되지 않겠는가.

우주는 사사로운 정이나 정상참작 등은 개입시키지 않고 법칙에 근거해서 그 사람이 하는 말을 오직 증폭시키는 장소다. "싫어, 그만해!"라고 소리칠 때 그 전제가 "나는 불행이 좋아!"라는 것이라면 강력한 공격을 받게 된다. 물론 그런 상황을 즐기고 싶어 하는 사람도 있을 테지만, 가능하면 불행도 적당히 즐기는 쪽이 낫지 않을까.

지금 눈앞에 펼쳐진 상황은 본인이 만든 것

"인생은 영화와 마찬가지라….."

며칠 후, 나는 손님이 오지 않는 가게에서 한숨을 섞어 중얼거리고 있었다.

"내가 인생의 주인공이라면… 현실적인 상황은 밑바닥이라도… 앞으로 무엇인가를 계기로 하여 인생 대역전을 이룰 거야."

나는 문득 현실적인 상황을 영화 줄거리로 만들어보자는 생각에 전단지 뒷면에 줄거리를 적어보기로 했다.

"촌뜨기 히로시는 고등학생 시절에 록을 알게 되었다.

동시에 록 의상에 매력을 느끼고 유명한 패션브랜드 상점에 점원으로 들어갔지만, 옷을 너무 좋아한 나머지 자기 옷을 구입하는 데에 지나치게 많은 돈을 써서 빚을 지게 되었다. 공장에서 일을 해서 빚을 변제한 뒤에 이번에는 도시를 동경해서 상경을 했지만 역시 고향에서 성공을 하는 것이 낫겠다는 생각에 다시 고향으로 돌아왔다. 자기만의 의류점을 가지고 싶다는 꿈을 포기하지 못하고, 7년 동안 돈을 모아 의류점을 개점했지만….”

새삼 돌이켜 보니 내가 의류점을 시작한 계기는 다소 어정쩡한 꿈이었다.

“옷을 좋아하니까 옷과 관련된 일을 하고 싶어!”

“나만의 브랜드 상점을 소유한다면 정말 멋질 거야!”

“내가 생각한 오리지널 브랜드를 팔고 싶어!”

그야말로 록 뮤지션 이마와노 기요시로忌野清志郎의 〈Daydream Believer공상가〉와 같았다.

물론 의류업계에 있으면 누구나 브랜드 상점 오너를 동경한다. 하지만 나는 유감스럽게도 고객을 생각하는 상점이나 상품을 선택한 것이 아니라 어디까지나 자기만족을 위한 선택을 했던 것이다.

"줄곧 꿈만을 꾸면서 안심하고 있었더니 어느 틈에 빚이 쌓여 애인과도 헤어졌고, 문득 정신을 차려보니 인생의 밑바닥에… 대체 어디까지 더 추락할까?"

세상에서 가장 불행한 나는, 결국 지금까지 혼자만의 세계에서 허우적대고 있었던 것이다. 그 사실을 깨닫자 허탈감이 느껴졌다.

"내 책임이야…. 모든 것은 내 탓이야…."

지금까지의 인생 줄거리를 영화의 시나리오처럼 적어보는 도중에 나는 인생을 객관적으로 바라보기 시작했다.

동시에 지금까지 나는 인생을 스스로 책임져본 적이 없다는 사실을 깨달았고, 스스로 자신을 밑바닥으로 떨어뜨려놓고 "이제 틀렸어."라는 식으로 포기해왔다는 사실을 인정하지 않을 수 없었다.

그렇다. 현재의 상황을 만든 사람은 바로 나다. 다른 어느 누구의 탓도 아닌, 내가 만들어낸 결과가 현실이다. 이 사실을 받아들이고 인정한다는 것은 정말 힘든 일이었다.

"그렇다면 나는 이 영화를 어떻게 해피엔딩으로 만들어야 할까?"

나는 다시 전단지 뒷면에 줄거리를 적어나갔다.

"어느 날 나는 우주님이라는 신기한 존재를 만나
우주에 주문을 보내는 방법을 배웠다. 그리고 인생이
크게 호전되어 빚을 모두 변제하고 행복을 움켜쥐었으며
인생을 대역전시키는 데에 성공했다!"

이렇게 적어보니 묘하게도 그때까지 빚에 대해
느꼈던 공포심이나 불안감이 조금씩 옅어지면서 몸속에
에너지가 솟는 듯한 감각이 느껴졌다.
"좋아⋯."
나는 냉정하게 현재 놓여 있는 상황에 대해 생각하기
시작했다.

'지금 나는 서른여섯 살이야. 이제 와서 회사원으로
돌아가도 2천만 엔의 빚은 도저히 갚을 수 없어. 아니,
기본적으로 이직을 하기에 유리한 자격도 없어. 경험이
있는 것도 아냐. 지금 다른 사업을 시작하는 것도 자금이
없으니 불가능해. 따라서 현재 운영하고 있는 상점의
매상을 늘릴 수 있는 방법을 생각해야 돼.'

그래서 나는 상점에 진열할 상품에 관해서 진지하게 검토하기 시작했다. 의류업계는 위탁판매가 아닌 매수가 기본이기 때문에 빚을 지지 않으려면 재고를 남기지 말아야 한다.

재고가 남지 않는 구입과 판매를 위해 내가 가장 먼저 한 일은 다양한 종류의 제품으로 채우는 것이 아니라 고객이 원하는 상품을 사이즈나 색깔, 스타일을 고려해 엄선해서 구입하는 것이었다. 그 결과 도매처로부터 "고이케 씨가 선택하는 옷은 정말 독특합니다."라는 말을 듣게 되었다.

고객의 기호, 동향을 진지하게 관찰하고 정보로서 파악한 뒤에 필요하다고 느껴지는 제품만을 진열해보았다. 그러자 조금씩 재고가 줄어들었고, 나름대로 '재고를 남기지 않는 방법'을 깨닫게 되었다.

좋은 결과가 나오면 더욱 연구를 하고 싶어지는 법이다. 이어서 돈을 들이지 않고 상점을 멋지게 꾸밀 수 있는 방법은 없는지 생각해보고, 디스플레이를 바꾸거나 낮은 비용으로 고객이 원하는 상품을 개발할 수 없는지 생각해보는 등 실행할 수 있는 일들을 하나씩 늘려갔다.

"정말 영화 줄거리 같아."

어느 날 밤, 상점 문을 닫고 청소를 하면서 이렇게 중얼거리고 있는 내 앞에 우주님이 나타나 말했다.

"그렇지? 할 수 있는 일을 하나씩 처리하다 보면 두려움 따위는 저절로 사라지는 거야."

우주의 힌트는 포착한 순간 실행한다

한동안 시간이 흐르고 나서, 어느 날 텔레비전을 보고 있는 내게 우주님이 갑자기 이런 말을 했다.

"이봐, 히로시! 네 몸에 걸치고 있는 그건 뭐야?"

"네? 뭐요? 이거요?"

우주님이 가리킨 것은 내가 팔에 차고 있던 팔찌였다. 돈이 들어오는 돌이라고 알려져 있는, 타이거아이Tiger's Eye라는 파워스톤 팔찌였다.

"이게 왜요?"

"그거 효과 있냐?"

"네?"

나는 내 팔목에서 빛나고 있는 돌을 내려다보았다.

듣고 보니, 돈이 들어오는 돌이라고 해서 차고 있던 파워스톤이었지만 특별히 좋은 일이 발생한 것도, 빚이 줄어든 것도, 고객이 증가한 것도 없었다.

"흐음, 솔직히 그다지 효과가 없었던 것 같은데요."

"조사해봐."

"네?"

"왜 효과가 없었는지 조사해보라고. 내가 하는 말은 반드시 0.5초 내에 실행해야 돼. 전부 중요한 힌트니까! 그리고 이것저것 생각하지 마. 0.5초 내라고 말했지? 힌트는 실행이 중요해! 움직여야 한다고!"

"아… 네."

"그래, 맞아."

그날 밤 나는 파워스톤 팔찌를 뚫어지게 들여다보면서 생각했다.

'그렇게 많은 사람들이 차고 있는 파워스톤 팔찌인데 이게 정말로 효과가 있을까? 효과가 있다면 내게는 왜 효과가 없었을까?'

그렇게 생각하면서 컴퓨터를 켜고 '파워스톤', '효과'

등의 키워드를 사용해서 조사해보았더니 몇 군데의 사이트를 통하여 돌은 에너지 그 자체이며, 돌과 사람도 궁합이 있다는 사실을 알 수 있었다.

'돌과 사람의 궁합이라…'

나는 점차 파워스톤에 흥미를 느끼고 서적과 문헌들을 조사해보았다. 그리고 그 물질이 본인에게 맞는 물질인지를 알 수 있는 오링테스트O-ring Test라는 방법이 있다는 사실을 알게 되었다. 오링테스트는 미국에 살고 있는 일본인 의사가 고안해낸 대체의학 기법인데, 약이나 음식에 접촉했을 때의 신체 반응을 통하여 그 약이 그 사람에게 맞는지를 확인하는 것이다. 즉, 오른손잡이면 오른손의 엄지손가락과 집게손가락으로 힘주어 고리를 만들고, 반대쪽 손바닥 위에 약이나 음식물 등을 올려놓은 뒤에 고리를 만든 엄지손가락과 집게손가락을 다른 사람이 잡아 편다. 손바닥 위에 올려놓은 것이 몸에 필요한 것이거나, 몸에 좋은 것이라면 고리가 펴지지 않지만 만약 필요한 것이 아니거나 해를 끼치는 것이라면 고리가 간단히 펴진다. 그 반응을 보고 그 사람에게 맞는 것인지를 확인하는 것이다.

'혹시 이 방법으로 파워스톤이 내게 맞는지도 확인할 수 있지 않을까?'

이렇게 생각한 나는 혼자 오링테스트를 할 수 있는 방법을 조사했고, 타이거아이를 시험해보았다.

결과는 맞지 않는다는 것이었다. 돈이나 성공을 의미하는 타이거아이지만 내가 그 돌을 지니면 에너지가 오히려 약해진다는 사실을 알았다.

오링테스트를 이용하여 내게 맞는 돌을 찾아보니 몇 개의 돌이 나의 파장에 맞았다. 루틸 쿼츠Rutile Quartz를 비롯한 몇 종류였다.

그 몇 종류를 사용하여 파워스톤 팔찌를 만들어 팔에 착용한 뒤에 다시 한 번 오링테스트를 해보니 고리가 펴지지 않았다.

'그래. 돌의 효능을 보고 고르는 게 아니라 지금의 내게 어울리는 돌을 고르는 것이 파워스톤을 제대로 고르는 방법이야.'

새로운 파워스톤 팔찌를 착용하자 왠지 힘이 솟는 것 같았다. 파워스톤 팔찌 자체의 힘이라기보다 "내게 어울리는 것을 착용하고 있어. 그러니까 나는 이제 걱정 없어."라는 감각, 신뢰가 그런 기분이 들도록 만든 것인지도 모른다.

다음 날, 오랜만에 어머니에게서 전화가 걸려왔다.

"히로시, 아까 은행에서 전화가 왔었는데… 은행에
네 계좌가 있는데 전혀 사용하지 않는다더구나. 그래서
어떻게 할 것이냐고 물어보던데…."

"네? 그런 계좌가 있다고요?"

전혀 기억이 나지 않았다.

'어차피 돈이 있다고 해도 몇백 엔이겠지.'

그렇게 생각하고 은행에 가보니 몇만 엔의 돈이 들어
있는 것이 아닌가. 당시에는 식비를 충당하기 버거울
정도로 힘든 시기였기 때문에 임시 수입은 그야말로
신의 은총이었다. 나는 즉시 그 돈을 모두 찾아 빚을
변제하는 데에 보탰다.

작은 기적은 여기에서 끝나지 않았다.

다음 날, 이번에는 형이 가게를 찾아왔다.

"서류 작성하는 것 좀 도와줘."

그래서 도와주었더니 "그러고 보니, 네가 가게를
냈는데 축하 선물을 하지 않았네."라고 말하면서 10만
엔을 주었다.

'응? 이게 뭐지? 혹시 파워스톤의 효과인가?'

반신반의하면서도 연달아 발생하는 행운에 나의 기대감은 점차 높아갔다.

그리고 며칠 후, 갑자기 지금까지 전혀 거래가 없었던 양복회사 직원이 영업차 방문하더니 이렇게 말했다.

"우리 옷도 진열해주실 수 있을까요?"

견본을 보니 마침 구입을 하려던 옷이었다.

하지만 빚투성이인 내게는 돈이 없었다. 어떻게 해야 좋을지 몰라 망설이고 있었더니 영업사원이 이렇게 말했다.

"결제는 다음 달 말에 해주시면 됩니다. 매입 금액의 절반씩 지불해주시면 됩니다."

더할 나위 없는 조건이다.

즉시 매입을 했는데 그 회사의 옷이 바로바로 팔려나가서 다음 달의 결제를 걱정할 필요가 없었다. 결국 그 회사의 옷은 우리 가게의 인기 상품이 되었고 매상은 조금씩 증가했다.

이 이야기를 친한 친구에게 했더니 "나한테도

파워스톤 팔찌 만들어줘."라고 졸랐다. 그래서 친구에게 맞는 팔찌를 만들어주자 그에게도 예상 밖의 수입이 들어왔고 그가 다른 친구에게 이야기해서 또 팔찌를 만들어주는 등 팔찌 주문도 조금씩 증가했다.

나는 우주님에게 이렇게 말했다.

"우주님의 힌트를 바탕으로 행동에 옮겼더니, 새로운 세계가 움직이기 시작한 느낌이 듭니다!"

그러자 우주님이 웃으며 말했다.

"호오, 이제야 뭔가를 좀 이해한 것 같은데!"

기적은 얼마든지 일어날 수 있다

　어느 날, 텔레비전을 보고 있던 내 눈에 부럽기 짝이 없는 부자의 생활이 들어왔다. 퍼스트클래스밖에 타본 적이 없다는 유명 인사, 도쿄에서 가장 비싼 지역에 자리 잡고 있는 호화주택과 해외의 별장 등 상상도 할 수 없는 생활상을 보며 나도 모르게 한숨을 내쉬었다.

　"연봉이 1억 엔이 넘는 사람의 비율이 0.027%라⋯."

　그때 텔레비전과 나 사이에 끼어들듯 우주님이 나타났다.

　"그런 정원定員 따위는 없어!"

　"앗, 깜짝이야! 갑자기 나타나면 어떻게 합니까? 깜짝 놀랐잖아요."

"응? 놀란 건 내 쪽인데. 연봉이 뭐가 어떻다는 거야?"

"연봉이 1억 엔이 넘는 사람의 비율이 0.027%라고 말했습니다."

"그걸 누가 정했는데?"

"아니, 누가 정한 게 아니고 성공하는 사람은 거의 없다는 이야기이지요."

"그러니까 누가 그렇게 말했냐고? 응?"

"누구라기보다…."

"우주에 '기적'이 얼마나 쌓여 있는 줄도 모르잖아. 건방진 인간들이 왜 그런 수치를 함부로 정하지?"

"응? 우주님, 지금 화내는 겁니까?"

"화내지 않게 되었냐고! 기적은 얼마든지 일어날 수 있는 거야. 정원 따위는 없다고!"

"그게… 하지만 정원은 있는 것 아닙니까? 예를 들어, 구인을 해도 정해진 인원이 있고 복권 당첨도 1등은 한 명뿐이고…."

"아… 너, 정말 아무것도 모르는구나! 구인 인원이건 복권이건, 네가 당첨이 되는 게 중요하니까 정원은 하나로 충분하잖아! 예를 들어, 정원이 열 명이라거나

백 명이라고 씌어 있으면, 네가 당첨될 확률이 높다고
생각하는 거야?"

"당연하지요. 1억분의 1과 1억분의 100은 다르지요.
입시도 정원이 1명인 것보다 40명인 쪽이 훨씬 합격률이
높지 않습니까?"

"그건 네가 결과를 정하지 않았으니까 그렇지. 너만
당첨되면, 너만 합격하면 되는 거잖아. 너만 결정을 하면
그곳 정원이 1명이건 50명이건 관계없는 문제라고."

"결과를 정하면 반드시 그대로 되는 겁니까?"

"그렇다고 몇 번을 말했어! 연봉 1억 엔이건 세계
일주이건, 주문만 하면 다 이루어진다니까. 애당초
각자가 각각의 우주를 자유롭게 만들고 살고 있는
것이니까. 주문에 정해진 용량이나 정원 따위는 없어."

"정말로 기적이 쌓여 있다면 더 많은 사람들에게
기적을 일으켜주면 좋지 않습니까. 저도 연봉 1억
엔으로…."

"그런 사람이 되면 되잖아."

"네?"

"그러니까 주문을 하면 되잖아. 결정을 하고 주문을
하라니까. 우주는 항상 주문대로 이루어주는데,

'이루어지지 않는다.'고 불평을 하면서 '역시 안 돼.'라는 식으로 주문을 하고 있는 쪽이 너잖아! 사람들은 우주의 능력을 의심하지만, 그래도 '그런 일도 가능하지.'라는 식으로 무조건 받아들이고 말로 표현해보라고. 그렇게 해서 손해 볼 것도 없잖아. 왜 그렇게 기적을 부정하는 거야. 나는 그 심리를 도저히 이해할 수 없어."

이날 우주님은 여느 때와 달리 심하게 화를 내더니 잔뜩 토라진 표정으로 잠이 들어버렸다.

기적을 부르는 말을 반복한다

"우주에 정원은 없다. 기적은 얼마든지 일어날 수 있다."

그 말이 사실이라면….

나는 우주님에게 이렇게 물어보았다.

"조금이라도 더 빨리 빚을 변제할 수 있는 방법은 없을까요?"

낮잠을 자고 있던 우주님은 나른한 표정으로 한쪽 눈을 뜨고 이렇게 말했다.

"시끄러워! 나 지금 낮잠 자는 중이잖아!"

그리고 귀찮다는 듯 고개를 돌렸다.

"좀 가르쳐줄 수도 있지 않습니까! 그런 걸 가르쳐주려고 나를 찾아온 것 아닙니까?"

"건방지게 나의 낮잠을 방해하지 마!"

우주님은 화를 벌컥 내고 주변의 물건들을 치우더니 "아, 주변이 너무 지저분해. 정리 좀 해!"라고 말하고는 베개를 끌어안고 코를 골기 시작했다.

나는 어이가 없었지만 어쩔 수 없이 물건들을 정리하기 시작했다.

"…응? 이게 뭐지?"

바닥에 뒹굴고 있던 것은 반년 전에 구입한 책이었다. 이미 빚투성이였던 내가 지푸라기라도 잡고 싶다는 마음으로 서점에 가서 집어든 책, 읽어보기는 했지만 당시에는 그 내용이 전혀 들어오지 않았던 책, 억지로 읽어보려다가 왠지 한심하다는 생각이 들어서

덮어버렸던 책이다.

왜냐하면 거기에는 "'감사합니다'를 5만 번 말하면 인생이 바뀐다."고 씌어 있었기 때문이다.

"'감사합니다'를 5만 번 말하면 인생이 바뀐다고? 그렇게 간단히 인생이 바뀐다면, 누구든지 바꾸지. …책값이 아깝다."

그렇게 중얼거리며 방 한쪽 구석에 던져놓았는데, 반년이 지나면서 그런 책을 구입했다는 사실조차 잊고 있었다.

책을 집어 들고 책장을 넘겨보니 반년 전에 '의미를 이해할 수 없다'고 생각했던 내용들이 믿을 수 없을 정도로 공감을 불러일으키며 나의 내부로 스며들어왔다.

도저히 같은 책이라고는 생각할 수 없을 정도로 나는 강한 공감을 느끼면서 그 책을 단번에 독파했다.

"'감사합니다'를 5만 번이라…."

그렇게 중얼거리는 나의 눈은 반년 전과는 전혀 다른 빛을 발산하고 있었는지도 모른다.

한쪽 눈을 뜬 우주님이 귀찮다는 듯 이렇게 말했다.

어차피 한가하잖아. 너도 한번 해봐!

"그래. 손님도 없고, 어차피 할 일도 없어. 그렇다면 '감사합니다'를 5만 번 말해보는 것도 나쁘지는 않을 것 같아."

그날부터 나는 틈이 있을 때마다 '감사합니다'를 중얼거리기 시작했다. 가게 문을 열고 다시 닫을 때까지, 손님이 없는 시간에는 줄곧 '감사합니다'를 중얼거렸다.

무엇에 대해 감사하는 것인지는 생각해보지 않고 무조건 '감사합니다'를 말했다. 10회를 외면 손가락 한 개를 구부리고 100회를 외면 노트에 '정正' 자를 적었다. 하루 7천 번은 중얼거렸을 것이다.

한 달 반 정도 시간이 흐른 어느 날이었다. 갑자기 내
머릿속에 영상이 떠올랐다. 쌀의 왕겨 같은 것이었다.
가슴속, 마음의 중심에 있는 왕겨들이 떨어지더니
그 안에서 하얗게 빛나는 무엇인가가 나타나는, 그런
이미지였다.

"응? 쌀?"

"누가 쌀이야!"

"응?"

'빛!'

아니, 단순히 빛이라고 표현하기에는 부족한 느낌이
드는, 눈이 부실 정도로 환한 빛이 비치더니 그 안에,

'우주님이?'

내가 우주와 연결되어 있다는 사실을 확신하는
순간이었다. 어떻게 표현해야 할까. 나의 내부에
존재하는 영혼이, 본질이, 아니 소스라고 해야 할까,
어쨌든 우주와 연결되었다는 사실을 확신할 수 있는
그런 감각이었다.

그러고는… 옷과 팔찌가 훨씬 더 잘 팔려나갔다.

'감사합니다'라는 말에는 힘이 있다. 나는 그 사실을
실감하지 않을 수 없었다.

그럼에도 너무 단순한 이 구조에 맥이 빠진 나는
우주님에게 이렇게 물어보았다.

"'감사합니다'로 인생이 바뀐다면, 누구나 행복해질 수
있는 것 아닙니까? 왠지 맥이 빠지는 느낌이 드는데요."

"잘 들어! 맥이 빠진다고? 그 간단한 말을 왜 너는
지금까지 하지 않았는데?"

"아니, 그게…, 너무 간단해서 그런 말을 한다고 인생이
바뀔 것이라고는 생각하지도 못했지요."

"그래? 그렇게 간단하다면 지금 기적만 일어나고
있어야 하는 것 아냐? 생각해봐. 매일 '감사합니다'라는
말을 중얼거리는 사람이, 네 주변에 얼마나 있지? 응?"

"아, 없… 없습니다."

"그렇지? 없지? 그렇기 때문에 기적을 부르는
말버릇이라는 거야."

"……."

"너처럼 우주를 잊어버리고 잠재의식의 파이프가 꽉
막혀 있는 인간은 '감사합니다'라는 말의 힘을 믿고 수천
번, 수만 번을 반복해서라도 파이프를 다시 깨끗하게
뚫어야 돼."

"잠재의식의 파이프? 깨끗하게?"

'감사합니다'를 하루에 500번 말한다

인간의 의식은 우주의 진리와 연결되어 있다. 이런 기본적인 의식을 '현재 의식顯在意識'이라고 하는데, 이것은 평소에 인간이 자신의 작은 사고회로로 생각하는 의식이다. 한편, 잠재의식에는 현재 의식의 6만 배나 되는 용량이 있다.

현재 의식 ➡ 잠재 의식 ➡ 우주의 진리

하지만 오랜 세월에 걸쳐서 자신에 대해 부정적인 말만 하면 소원을 주문하는 데에 필요한 우주 파이프에 부정적인 에너지가 흘러들어가 파이프가 손상된다. 본인이 주문한 대로 길은 점차 좁아지고 우주로 보내는 주문이 제대로 통하기 어려워지는 것이다. 히로시의 잠재의식도 본인 스스로에게 향했던 부정적인 말 때문에 완전히 지쳐버렸고 우주와 연결된 파이프도 손상되어 있었다.

하지만 아무리 손상된 파이프라고 해도 살아 있는 한 완전히 막혀버리지는 않는다. 바늘구멍 정도는 우주와 연결되어 있다. 그것이 살아 있다는 증거이기 때문이다.

물론 주문이 통하기는 하지만 꽉 막혀 있는 상태이기 때문에 소원이 우주에 도달하기까지 많은 시간이 걸리고 양도 줄어들 수밖에 없다. 그리고 좁아진 우주 파이프로는 우주의 힌트가 통과하기도 어렵다. 따라서 힘들게 결과를 정하고 주문을 해도 그 주문을 이룰 수 있는 힌트를 받기 어려워진다.

그래서 "어렵게 주문을 했는데 힌트가 오지 않아."라는 식으로 포기하게 되는 것이다. 사람들은 정말로 포기를 좋아하는, 변명을 좋아하는 나약한 존재다.

우주로 보내는 주문이 잘 통과하게 하려면 먼저 지금까지 중얼거렸던 부정적인 말만큼 '감사합니다'를 외쳐야 한다. 이렇게 중화시키는 방법으로 잠재의식을 정상적인 상태로 되돌려야 한다.

'감사합니다'라는 말에는 몸과 마음에 쌓여 있던 부정적인 에너지를 긍정적인 에너지로 바꾸어주는 힘이 있다. 부정적인 에너지가 중화되고 우주 파이프가 깨끗해져서 긍정적인 에너지가 채워지기 시작해야 우주와 연결되어 있다는 감각을 느낄 수 있다.

인생을 바꾸려면 잠재의식과 화해해야 한다

"감사합니다, 감사합니다, 감사합니다, 감사합니다."

그 이후에도 나는 매일 손님이 없을 때, 욕조 안에서, 또는 잠들기 전에 '감사합니다'를 중얼거렸다.

어느 날, 우주님이 갑자기 나타나 이렇게 말했다.

"너, 응용할 줄 모르는 거야?"

"응용이요?"

"'감사합니다'에 '사랑합니다'를 더해 봐. 재미있는 일이 일어날 테니까."

그렇게 말하더니 장난스런 표정으로 씩 웃어보이고 샘물 안으로 사라졌다.

그날부터 나의 '감사합니다'에 '사랑합니다'라는 말이 첨가되었다. 어떻게든 그런 말을 하는 횟수를 늘리기 위해 노력하는 동안에 좋은 방법이 떠올랐다.

길을 걷다가 오른쪽 다리를 내밀면 '감사합니다', 왼쪽 다리를 내밀면 '사랑합니다'라고 말하기로 한 것이다. 그렇게 하니까 신체의 움직임에 맞추어 리듬을 타고 즐겁게 말할 수 있었다.

그로부터 한 달 정도 지났을 무렵, 나는 신기한 꿈을 꾸었다.

내가 나를 향해 '감사합니다', '사랑합니다'라는 말을 하고 있는 꿈이었다. 그 말을 듣고 있는 나는, 말을 거는 내게 등을 보이고 무릎을 끌어안은 상태로 앉아 있었다.

"감사합니다. 사랑합니다."라고 끊임없이 말하고 있는 나. 하지만 무릎을 끌어안고 있는 나는, "그런 말은 믿지 않아."라고 고개를 젓는다. 그래도 "감사합니다. 사랑합니다."라고 계속 중얼거리는 나.

"하지만 지금까지 나를 무시해왔잖아."

앉아 있는 나는 그렇게 말한다. 그래도 "감사합니다. 사랑합니다."를 계속 중얼거리는 나. 그러던 중에 등을

돌리고 앉아 있던 내가 얼굴을 들더니 끊임없이 말을
건네고 있는 나를 돌아보았다.

"…정말이야? …이번에는 진심이야?"

말을 건네는 나는 그 질문에는 대답하지 않고 계속
"감사합니다. 사랑합니다."를 반복할 뿐이다.

"정말? 진심으로?"

그때까지 얼굴도 보이지 않았던 내가 또 한 명의 나를
바라보고 눈을 빛내기 시작한다.

다시 "감사합니다. 사랑합니다."라고 중얼거리자 앉아
있던 또 한 명의 내가 갑자기 쌓였던 감정이 폭발하듯
주르륵 눈물을 흘리더니 소리 내어 울기 시작했다.

"나… 나도 사랑해!"

앉아 있던 내가 눈물을 흘리면서 그렇게 말한 순간, 나와 나는 서로를 힘주어 끌어안았다.

"나도 그래! 지금까지 너의 존재를 무시해서 정말 미안해! 가능성을 믿지 않아서 미안해. 고마워! 사랑해!"

"흑흑흑! 지금까지 그 말을 얼마나 듣고 싶었는지 몰라. 그 말만 기다렸어. 고마워! 사랑해!"

정말 이상한 꿈이었지만 잠에서 깨어난 나의 마음은 무슨 이유에서인지 말로 표현할 수 없을 정도로 편안했다. 그날 조깅을 하면서 나는 눈에 비치는 모든 것에 "감사합니다.", "사랑합니다."라고 말했다.

아, 물론 다른 사람과 지나칠 때에는 마음속으로 중얼거렸다. 이상한 사람으로 비칠 수 있으니까.

"까마귀야, 고마워! 오늘도 사랑해!"

그렇게 말하면서 달리고 있는 나를 보고 우주님이 싱긋 미소를 지어보였다.

"너 어제 이상한 꿈을 꾸었지?"

"사랑한다고 계속 말해서 그런 걸까요? 또 한 명의 내가 자신을 믿어달라고 부탁하는 꿈을 꾸었어요. 이 꿈에는 어떤 의미가 있을까요?"

“그건 꿈이 아냐. 너의 잠재의식과 현재 의식이 대화를
나눈 거야. 너에게 의식이 있을 때에는 현재 의식이 너의
사고를 지배하고 있기 때문에 잠재의식과는 자유롭게
대화를 나눌 수 없거든.”

“잠재의식과 현재 의식이요?”

“그래. ‘사랑합니다’에는 잠재의식과 현재 의식을
연결하는 힘이 있어. 지금까지 너는 너 자신에 대해서
부정적인, 스스로를 쓸모없는 인간으로 만드는 말만
사용했잖아.”

“쓰, 쓸모없는 인간으로 만드는 말이라는 건 좀….”

“‘손님은 오지 않아.’, ‘빚은 갚을 수 없어.’, ‘어차피
나는 안 돼.’라는 말은, 자신은 쓸모없는 인간이라고

말하는 것 아니냐? 그렇게 말하고 있는 존재가 현재 의식에서의 너야. 겉으로 드러나 있는 6만분의 1에 해당하는 경솔한 너."

"6만분의 1?"

"그래, 겉으로 드러나 있는 현재 의식에는 잠재의식의 6만분의 1에 해당하는 에너지밖에 없어. 말에는 강력한 힘이 있기 때문이지. 현재 의식이 내뱉은 말 때문에 너의 잠재의식은 완전히 우울증에 걸려 있었던 거야."

"잠재의식이 우울증에?"

"그래. 심리학에서 흔히 말하는 '트라우마'라는 거야. 스스로에 대해 부정적인 말만 되풀이해왔으니까 트라우마가 생기는 게 당연하지. 하지만 네가 '감사합니다'라는 말을 할 때마다, 지금까지 스스로에 대해 했던 부정적인 말들이 하나씩 사라지는 거야. 그런 부정적인 분위기가 모두 사라지면 지금까지 어두운 기분에 잠겨 있던 잠재의식이 조금씩 기운을 되찾으면서 너를 믿기 시작하는 거야. 그리고 '감사합니다'라는 말의 수가 지금까지 스스로에게 했던 부정적인 말의 수를 웃돌게 되었을 때 비로소 잠재의식이 현재 의식과 일체화되고 서로를 신뢰하는 계기가 만들어지는 거야.

너는 '감사합니다'라는 말을 통해서 우주 파이프를 깨끗하게 만들었잖아? 그리고 '사랑합니다'라는 말을 통해서 잠재의식과 현재 의식이 서로를 이해하게 된 거야. 지금 기분이 어때?"

"그런 것 같습니다. 왠지 편안한 느낌이 듭니다."

"그래. 이제 잠재의식이 우울한 기분에서 벗어난 거야. 이제 네가 주문을 한 내용이 우주에 도달하는 힘은 6만 배로 증가한 거라고."

그렇게 말하고 우주님은 허공에서 한 바퀴 회전을 한 다음, 여느 때보다 부드러운 표정을 지어보이고는 강조해서 말했다.

"이봐, 이건 모두 내 덕분이야. 그러니까 나한테도 감사해야 돼!"

특별 훈련

6만 배로 만드는

주문의 힘을

"좋아. 주문의 힘이 6만 배가 되었으니까 이제 특별 훈련이야!"

"네? 특별 훈련이요?"

"그래! 너는 그동안 불행을 너무 많이 불러들였거든."

"불행을 불러들였다니…, 아니, 그게, 그렇기는 하지만….'

"너는 불행한 체질이라고! 성격 자체가 불행해! 그걸 개선하는 방법이 있지. 우선 주문의 힘이 6만 배가 되었다는 사실을 실감해야 돼."

"어떻게 해야 되는데요?"

"뭔가 주문을 해봐. 무엇이건 상관없어."

"주문이요? 갑자기 무슨….'

"그럼 좋아하는 색깔은 뭐야?"

"그게… 노란색인가…?"

"좋아하는 숫자는?"

"흐음, 1이요."

"좋아하는 자동차는?"

"폭스바겐의 비틀Beetle?"

"좋아. 그게 주문이야. 이제 거리로 나가자고."

"네?"

나는 무슨 말인지 그 의미를 제대로 이해하지도 못한 상태에서 우주님과 함께 거리로 나가게 되었다.

차를 몰고 센다이 중심가로 향하는 도중이었다.

"이봐! 히로시! 너는 눈을 폼으로 달고 다니냐?"

"네? 갑자기 무슨?"

"앞을 보라고!"

"앞이요? 계속 보고 있는데요."

"아니, 앞의 자동차를 보라고!"

"아! 비, 비틀이네요!"

"그뿐이 아니잖아!"

"네? 아! 번호가 1111이에요!"

"자동차 색깔은 뭐야?"

"노란색이요…. 이게 대체… 말도 안 돼!"

"내가 주문을 전달해준 덕분이야! 감사하지?"

"네, 감, 감사합니다!"

그날 하루, 작은 기적이 몇 번이나 일어났다.

노란색 옷을 입은 사람과 스쳐 지나가는 일이 많았고, 우연히 시계를 보니 11시 11분. 친구가 맥주 한잔 마시자고 데려간 가게 이름이 '비틀'이었고, 그곳에는 노란색 비틀 모형이 장식되어 있었다.

"아! 주문을 하면 그것이 눈앞에 나타나는구나."

그 이후 나는 우주님의 특별 훈련을 받으며 매일 작은 주문을 하고 그것이 이루어지는 경험을 하는, 이른바 성공 체험을 거듭하게 되었다.

"정말 빚을 갚을 수 있을지도 몰라."

아무런 근거도 없이 그렇게 생각하게 된 것은 6만 배의 주문의 힘을 체감할 수 있었기 때문이다.

말로 표현하면 현실이 된다…

다양한 자기계발 도서에서 소개하고 있는 내용을 나는 직접 체험하고 습득하기 위해 더욱 열심히 연습을 했다.

새로운 주문이 실현되기까지는 시간차가 있다

　우주님을 처음 만났을 때와 비교하면 엄청나게 활기를 되찾았지만 빚은 원금만 2천만 엔이었다. 은행 이외에 사채를 빌려 쓴 곳도 몇 군데는 되었기 때문에 10년 계획을 세워 실행해야 할 필요가 있었다.

　은행, 소비자금융, 사채 등으로부터 돈을 빌려 쓴 나는 빚을 변제하는 것만도 가장 많을 때에는 한 달에 40만 엔 정도가 들어갔다. 그리고 상품 매입이나 가게 월세, 살고 있는 집의 월세, 생활비…. 힘들고 고달픈 생활은 여전히 바뀌지 않았다.

어느 날, 우주님 앞에서 이렇게 중얼거렸다.

"주문을 해서 무엇이건 이루어진다면 '지금 당장 빚을 청산했다.'는 주문을 하면 빚이 사라질까요?"

"…히로시, 덮밥이나 먹으러 가자."

"네?"

우주님의 갑작스런 제안에 우리는 덮밥 체인점으로 향했다.

"여기요! 돈가스덮밥 열 그릇이요!"

"네? 무슨 말입니까? 그렇게 많이 어떻게 먹어요? 그리고 밥값은 내가 내는 거잖아요!"

"알았으니까 잠자코 기다려! 여기요! …아, 나는 사람들 눈에 보이지 않지? 야, 히로시, 돈가스덮밥 열 그릇 주문해."

"네? 싫습니다!"

"하라면 해! 너, 내가 주는 힌트는 무엇이건 실행하겠다고 말하지 않았나?"

나는 도저히 이해할 수 없었지만 어쨌든 시키는 대로 주문을 했다. 잠시 후, 돈가스덮밥이 나왔다. 점원은 당연히 이해할 수 없다는 표정을 지어보였지만 어쩔 수 없었다.

우주님은 재미있다는 표정으로 미소를 짓고 있었다.

"나는 자장면을 먹고 싶었는데…."

"알았어. 그럼 돈가스덮밥부터 먹으라고."

"네? 우주님이 먹고 싶었던 것 아닙니까? 게다가
'그럼'이라니요?"

"이걸 전부 먹지 않는 한 자장면은 나오지 않아!"

"당연하지요. 주문해서 나온 것을 먹지도 않고 또
무슨 주문을 합니까? 이걸 열 그릇이나 주문을 한 건
우주님이잖아요."

"그래! 당연하지? 너는 지금까지 이 돈가스덮밥 열
그릇을 주문한 것과 같아. 오랜 세월 동안 불행한 인생을
주문해왔으니까 그만큼 불행한 인생이 쌓여 있는 거라고.
그런데 지금 자장면을 주문하려 하고 있어. 하지만
지금까지 주문한 돈가스덮밥이 눈앞에서 사라지고
자장면이 나오려면 '시간차time lag'가 필요한 거야!"

"시간차?"

시간차를
받아들이면
좌절하지 않는다

우주가 말버릇의 에너지를 증폭시켜서 소원을 들어준다는 사실은 이미 설명했다. 말버릇에는 그 사람의 잠재의식이 믿고 있는 '전제'가 포함되어 있기 때문에 그 말이 자기도 모르게 입 밖으로 튀어나오는 것이다.

"나는 돈이 없어."
"나는 돈이 있어."

이런 마음의 전제는 그대로 주문이 되어서 우주에 전해지고 주문한 대로 이루어진다. 즉, 히로시가 믿고 있는 것이 지금 눈앞에 나타나 있는 것이다. 사건도 사람도 마찬가지다. 히로시는 지금까지 수없이 "빚은 갚을 수 없어.", "나는 안 돼.", "내 인생은 이미 끝났어."라는 주문을 해왔다.

그 수가 대략 5만 번 정도 될까? 즉, '돈이 없다'는 것이 지금까지의 히로시의 전제였다. 먹지도 못할 돈가스덮밥 열 그릇을 주문한 것처럼. 우주가 제안하는 말버릇을 사용해서 전환하는 방법이 '돈이 있다'는 전제다. 정말 먹고 싶은 자장면을 주문하는 것과 같다.

히로시는 "빚을 변제하고 행복해지고 싶다."고 선언하고 주문을 했으니까 즉시 자장면이 나올 것이라고 생각하는 단순한 머리를 가지고 있지만 지금까지 주문한 돈가스덮밥이 갑자기 사라지는 것은 아니다. 새로운 말버릇을 갖추고 잠재의식이 새로운 전제를 받아들이려면 시간이 필요하다.

여기에는 시간차나 수정 현상이 발생한다. 지금까지의 주문이 눈앞에 나타나면서 상황이 바뀌고 이전의 주문과 새로운 주문 사이에 놓이는 시기가 찾아오는 것이다. 그때 비로소 새로운 주문이 실현된다. 많은 사람들이 그사이에 좌절을 한다. 바꾸어 말하면, 그것이 승부처라는 뜻이다.

이 시간차에 무릎을 꿇고 "그래. 자장면은 나오지 않을 거야. 됐어. 이제 필요 없어."라는 식으로 말하면 어떻게 될까? 간신히 자장면이라는 주문이 통하게 되었는데 돈가스덮밥으로 다시 바뀌어버린다. 그리고 "역시 내게는 돈가스덮밥밖에 나오지 않아."라고 하면서 다시 돈가스덮밥을 주문하게 되니까 아무리 많은 시간이 흘러도 눈앞에 나오는 건 돈가스덮밥뿐이다.

하지만 여기에서 힘을 내고 "돈가스덮밥을 모두 먹고 나면 자장면이 나올 거야."라고 믿을 수 있으면 돈가스덮밥 이후에는 반드시 자장면이 나온다. 말버릇을 긍정적으로 바꾸고 마음의 전제를 바꾸면 돈가스덮밥과 동시에 자장면이 나오게 되고 얼마 지나지 않아 자장면만 나오게 되는 것이다.

이것이 우주의 진리다.

히로시가 "지금 당장 빚을 모두 갚고 싶다."고 바란다고 해도 시간차는 반드시 필요하다. 히로시가 해야 할 일은 빚을 갚은 이후의 인생을 생각하면서 "주문을 했으니까 그 시기는 반드시 찾아올 거야. 나는 계속 그 결과 쪽으로 다가가고 있어."라고 믿고 시간차를 소화하는 것이다. 즉, 자장면을 상상하면서 쌓여 있는 돈가스덮밥을 먹어치우는 것이다.

주문한 뒤에
발생하는 일은
우주의 지시

시간차에 관한 구조를 알게 된 나는 일단 빚을 줄여 행복해질 것이라고 믿고 매일 열심히 일에 몰두했다.

어느 날, 우주님이 이런 말을 꺼냈다.

"히로시, 너 체력이 너무 약하다. 달리기 좀 해!"

그래서 매일 아침 5시에 일어나 조깅을 시작했지만 그것이 빚을 갚는 데에 어떤 효과가 있는지는 도저히 짐작할 수 없었다.

어느 겨울 아침, 나는 잠의 유혹과 추위 때문에 침대에서 나오지 않고 중얼거렸다.

"오늘은 좀 쉽시다. 어제도 늦게 잤고, 날씨가 추워서 감기에 걸릴 것 같다고요."

그러자 우주님이 말했다.

"이봐, 히로시! 너, 지금 내 말을 무시하겠다는 거야?"

"아, 아닙니다! 죄송합니다. 하겠습니다!"

나는 서둘러 침대에서 일어나 운동복으로 갈아입고 허겁지겁 세수를 하면서 나갈 준비를 갖추었다.

비틀거리면서 아파트를 빠져나와 터벅터벅 걷기 시작하자 우주님이 또 타박을 했다.

"너, 뭐야! 그런 식으로 맥없이 걸으면 이루어질 것도 이루어지지 않겠다."

"물론 아침 조깅이 몸에 좋다는 것 정도는 저도 잘 알고 있습니다. 하지만 아침 일찍 조깅을 한다고 뭐가 달라집니까? 조깅을 한다고 빚을 갚을 수 있는 건 아니잖아요."

"그거야! 너의 문제는 바로 거기에 있다고!"

졸음과 추위에 짜증이 나 있던 나는 우주님에게 쏘아붙이듯 말했다.

"이렇게 추운 날, 군이 이른 아침부터 조깅을 하라니까 그렇지요!"

"너, 내게 그게 무슨 말버릇이야! 다시 한 번 말해봐."

나는 퍼뜩 제정신을 차렸다.

"아, 아닙니다. 제 말은 그러니까…, 조깅을 한다고 해서 빚을 갚을 수 있는 건 아니잖느냐는 것입니다."

"무슨 말이야? 달리기 때문에 빚이 줄어드는 거라고."

"네? 그게 무슨…?"

"너는 이미 빚을 갚는다는 주문을 했잖아. 그러니까 무슨 행동을 해도 그건 빚을 갚는 것과 연결이 되는 거야."

"무슨 행동을 해도?"

"그래. 무슨 행동을 해도."

"개똥을 밟아도?"

"그렇다니까! 주문을 한 뒤에 발생하는 모든 것은 우주의 지시이고, 모든 것이 주문을 이루기 위해 발생하는 거야. 정말 이해력이 부족하구나. 잠깐 기다려!"

우주님은 샘물 안으로 사라지더니 잠시 후 여느 때처럼 칠판을 끌어안고 되돌아왔다. 새벽의 보도에 칠판을 설치하고 모히칸 스타일의 머리카락을 손으로 스윽 빗어 넘겨 7 대 3 스타일로 바꾼 우주님이 강의를 시작했다.

"그래! 소원이 이루어졌어!"라고 말한다

우주에 소원을 주문한 순간, 주문을 받은 우주는 즉시 움직이기 시작한다. 그리고 그 모습은 주문한 본인의 눈으로도 확인할 수 있다.

"응? 연 수입으로 천만 엔을 원했지만 아직 아무런 수입이 없는데?"라고 생각하는 당신! 확실히 아직 주문한 내용이 이루어지지는 않았을 것이다.

하지만 주문한 후 발생하는 모든 일은 주문한 내용이 이루어지기 위해 발생하는 것이다. 커피숍에서 커피를 주문하거나 인터넷 상점에서 무엇인가 주문을 한다면 그 배후에서는 누군가가 커피를 타거나 상점이 물건을 출하하고 배송업자가 움직이기 시작한다.

그리고 그 모습은 주방을 들여다보거나 인터넷 배송 상황을 살펴보는 방식으로 확인해볼 수 있지 않은가? 그와 마찬가지 일이 현실적으로도 발생한다.

- 우연히 옛 친구를 만났다.
- 상사에게 칭찬을 받았다.

이런 기분 좋은 일도 있다.

- 회사에서 명퇴를 당했다.
- 연인으로부터 절교를 당했다.

이런 식으로 기분 나쁜 일도 발생하지만 이것들은 모두 우주의 치밀한 계산대로 발생하는 사건들이다.

- 현재의 회사에서는 연봉 천만 엔을 받을 수 없기 때문에
- 현재의 연인과는 행복해질 수 없기 때문에

이처럼 우주는 모든 것을 알고 움직인다. 애당초 히로시가 불과 40년 만에 얻은 눈곱만큼의 경험과 지식을 우주에

있는 무한대의 정보량과 비교해서는 안 된다. 상상할 수 없는 훌륭한 지혜, 방식 등이 우주에는 무한대로 존재한다. 어떤 일이 발생하는가, 어떻게 목표 달성과 연결하는가 하는 것은 우주가 생각하는 것이지 사람들이 생각하는 것이 아니다.

그렇다면 사람들이 할 수 있는 것은 무엇일까? 그것은 우주의 힌트를 받아 행동하고 말의 힘을 최대한 살려 주문의 힘을 강화하는 것이다. 그렇다면 주문의 힘을 강화한다는 것은 무엇인가? 우선 우주의 힘을 믿는 것이다. "이게 정말 의미가 있을까?" 하는 식으로 현재 의식으로 생각하고 멈추어서는 안 된다. 우주가 달리라고 하면 일단 달려야 한다! 그리고 발생하는 모든 현상에 대해 이렇게 말해야 한다.

"그래! 이것으로 소원이 이루어졌어!"

우주에 주문을 했으면, 그 후 발생하는 모든 현상에 대해 이 말로 연결짓는 것이다. 중요한 점은, 어떤 상황에 놓이더라도 이 말을 해야 한다는 것이다. 그렇다. 설사 연인이 배신을 하더라도, 갑자기 가게가 파산을 하게 되더라도, 일에서 실패를 하거나 예상하지 못한 괴로운 상황이 발생하더라도 "그래! 이것으로 소원이 이루어졌어!"라고, 진심으로 믿고 말할 수 있어야 한다.

이유는 간단하다. 우주는 매우 드라마틱하고 섬세한 감성을 가지고 있다. 그리고 주문이 진심인지 항상 확인하려 한다. 그런데 주문을 한 본인이, "소원을 주문했는데 왜 원하지도 않는 이런 일이 일어나는 거야?"라고 말하면 어떻게 될까? 우주에 보내는 강한 시기심이 우주에 전달되고 주문을 믿지 않는다는 강한 의지가 전달되어버린다.

"나는 이제 틀렸어!"

"결국 나는 빚을 갚을 수 없을 거야."

이렇게 중얼거렸다고 하자. 이 주문이 쌓이고 쌓여 눈앞에는 감당할 수 없는 현실만 나타난다. 반대로, 어떤 상황에서도 진심으로 "그래! 이것으로 소원이 이루어졌어!"라고 말할 수 있다면 그 말을 한 번 할 때마다 주문은 쌓이게 되고 주문의 힘이 점차 강해져 소원이 이루어지는 속도도 빨라진다. 우주 역시 사랑과 신뢰를 보내주는 사람의 소원일수록 더 빨리 이루어지도록 해주고 싶어 하기 때문이다. 모든 에너지는 그 존재를 믿어야 비로소 힘을 발휘한다. 우주 역시 그 존재를 인정하고 믿고 사랑하면 소원은 반드시 이루어진다.

지갑을
잃어버린다.

새똥이
떨어진다.

그래!
이것으로
소원이
이루어졌어!

지하철을 놓친다.

신호등이 빨간불만
들어온다.

개똥을
밟았다.

사람의 마음을 움직일 수 있는 사랑의 빔

　이후, 나는 아침의 조깅이 즐거워서 참을 수 없게
되었고, 아침 일찍 일어나는 것이 힘들지 않았다.

　묘하게도 조깅을 하기 위해 아침에 일어났을 때,
조깅을 끝내고 돌아올 때, "그래! 이것으로 소원이
이루어졌어."라고 중얼거리는 것만으로 그날 하루 좋은
일이 일어날 것 같은 느낌이 들었다.

　그리고 가게에 손님이 많이 오면, "아, 역시
오늘 조깅을 한 덕분이야! 그래! 이것으로 소원이
이루어졌어!"라고 중얼거린다.

　손님이 오지 않아도 "조깅 덕분에 오늘은

'감사합니다.'를 7천 번 말할 수 있었어. 그래! 이것으로 소원이 이루어졌어!"라고 중얼거렸다.

나의 입에서는 "정말 감사합니다, 우주님!"이라는 말이 자연스럽게 나오게 되었고, 신기하게도 모든 일들이 정말로 나의 소원을 이루어주기 위해 발생하는 것처럼 느껴졌다.

우주님에게 빚 변제 주문을 한 지 3년.

나는 편안한 마음으로 시간을 보낼 수 있게 되었다.

물론 빚은 여전히 남아 있었고, 우울한 날도 있었다. 하지만 "내가 우주에서 가장 불행하다."는 망상 따위는 하지 않게 되었다.

어느 날, 친한 친구가 가게를 찾아와 이렇게 말했다.

"싸고 좋은 가게가 있는데 함께 빌리지 않을래? 우리는 2층을 사용할 테니까 1층은 네가 사용하고. 어때?"

당시 내가 임차해서 사용하고 있던 곳은 손님들의 눈에 띄기 쉽지 않았지만 그 친구가 말하는 가게는 길가에 위치해 있어 접근성이 좋았다. 그리고 마침 가게 재계약을 해야 할 시기가 되기도 해서 내 입장에서는 더할 나위 없이 좋은 조건이었다.

나는 서서히 몸에 갖추어진 말버릇, "그래! 이것으로 소원이 이루어졌어."라는 말을 중얼거리며 이사 준비를 시작했다.

그런데 이사를 해서 가게를 새로 열려면 역시 돈이 필요했다. 사채까지 끌어다 쓰고 있는 내게 추가로 융자를 해주는 곳은 없었다. 은행으로부터 냉정하게 거절을 당하고 힘없이 집으로 돌아오자 우주님의 목소리가 들렸다.

"뭐야, 힘이 없어 보이는데."

나는 우주님에게는 눈길도 주지 않고 냉장고에서 발포주를 꺼내 목구멍을 적신 뒤에, "흐음, 역시…. 이사는 무리야."라고 중얼거렸다.

"너 지금 '무리'라고 말했냐? 내게 주문을 한 거야?"

우주님이 강렬한 눈빛으로 쏘아보았다.

"아, 아뇨. 그런 말은 하지 않았습니다. 추가로 융자를 받을 방법이 없어서 생각하고 있었을 뿐입니다!"

"뭐야, 그렇게 간단한 문제야?"

"간단한 문제라뇨? 그게 어떻게 간단한 문제입니까?"

"너 지금 '간단한 문제가 아니다.'라고 말한 거야? 내게 주문을 한 거야?"

"아, 아, 아닙니다! 하지만 은행에서 돈을 빌려야
한다고요. 이미 빚더미에 앉아 있는 내가 간단히 돈을
빌릴 수는 없지 않습니까?"

"어쩔 수 없군."

우주님은 그렇게 말하고 공중에서 한 바퀴 돌더니
블루스 브라더스Blues Brothers처럼 검은 양복과 검은
선글라스 차림으로 변신했다. 우주님의 손에는 바주카포
같은 것이 들려 있었다.

"자, 잠깐, 잠깐만요! 설마 은행 강도 같은… 그런 말을
하려는 건 아니지요?"

"어리석긴. 히로시, 이건 사랑의 빔이야. 이게 모든 문제를 해결해준다고!"

우주님은 빔을 내 쪽으로 향하고 자세를 잡았다.

"네?"

"지난번에 '사랑합니다.'에는 자기 자신을 사랑하는 힘이 있다고 말했지? 그건 다른 사람에게도 효과가 있어. 은행에 가면 우선 담당자를 향해서 '사랑합니다!'라고 말해. 그리고 그 사람의 얼굴을 향해서 사랑의 빔을 발사하는 거야. 미간을 향해서!"

"……."

"왜 말이 없어?"

"아니, 그게… 농담하지 마십시오. 그렇게 말하는 순간, 저는 틀림없이 쫓겨날 겁니다."

"뭐? 정말 인간이라는 존재는 사랑이 통하지 않는 종족이로군. 그럼 마음속으로라도 좋으니까, 그 사람의 미간을 향해서 '사랑의 빔!'이라고 말해. 알았지?"

"적당히 좀 하세요. 그런 짓을 한다고 융자가 나올 리가 없다니까요."

"너 지금 '나올 리가 없다'고 말했냐? 내게 주문한 거야?"

"…아뇨! 아닙니다! 알겠습니다. 하면 되잖아요. 하면!"

며칠 후, 은행으로 향한 나의 심장은 그 소리가 내 귀에
들릴 정도로 요란하게 뛰고 있었다.
'정말 그걸 해야 되나…?'

"어서 오십시오. 융자 담당자입니다."
"네."
"자, 이쪽으로."

담당자를 따라 이동할 때였다. 나는 마치 누군가가
뒤에서 발로 찬 것처럼 앞쪽으로 고꾸라졌다.

"왜, 왜 그러십니까?"

"아, 죄송합니다! 발이 꼬여서….."

"빨리 해! 지금이야!"

우주님이 재촉을 했다.

나는 담당자를 향해 "고생 많으십니다. 히로시라고
합니다. 오늘 잘 부탁드립니다."라고 말한 뒤에
마음속으로 이렇게 외쳤다.

'사랑의 빔!'
'사랑의 빔!'
'사랑의 빔!'

"사실은 담당자가 바뀌어서 상세한 내용을 파악하고
있는 사람이 없기 때문에 제가 담당을 하게 되었습니다."

내 사랑의 빔을 받았는지 모르겠지만 은행원이 미소를
지으며 말했다.

그로부터 몇 주일 후, 티셔츠를 만드는 기자재를

살펴보러 온 은행원은 내 편이 되어 진지하게 이야기를 들어주고 상담을 해주었다. 그 결과, 나는 자료를 몇 번 제출한 뒤에 그 은행으로부터 융자를 받게 되었다.

물론 담당자가 바뀐 것은 행운이었지만 융자를 받을 수 있었던 것은 무엇보다 은행원과의 신뢰 관계가 만들어졌기 때문이라는 생각이 든다.

소원은 이뤄진다
규칙에 의해
우주의 세 가지

우주님이 가르쳐준 소원을 달성하는 세 가지 규칙은
다음과 같다.

- 결과를 정하고 우주에 주문을 낼 것
- 우주로부터 오는 힌트는 처음 0.5초 내에 곧바로 실행할 것
- 말버릇을 긍정적으로 바꿀 것

이 규칙들의 의미를 조금씩 이해하고 실행하면서 나는
소원을 달성할 수 있다는 긍정적인 생각을 갖게 되었고
빚을 갚기 위해 할 수 있는 일은 뭐든지 하겠다는 각오와

자신감을 갖게 되었다.

어느 세미나에 참가했을 때의 일이다.
"하고 싶지 않은 것을 적어 보십시오."라는 강사의 말을
듣고 목록을 적어본 뒤에 나는 깜짝 놀랐다.

❶ 접객을 하고 싶지 않다.
❷ 영업을 하고 싶지 않다.
❸ 재고를 남기고 싶지 않다.

"그럼 대체 왜 의류점을 운영하는 거야?"라는 추궁을
당해도 할 말이 없는, 의류점을 운영하는 사람으로서는
당연히 해야 할 일들을 '하고 싶지 않다'고 생각하고
있었던 것이다.
그리고 며칠 후, 가게를 청소하고 있는데 우주님이
나타났다.

"이봐, 히로시, 하기 싫으면 그만두는 게 어때?"
"그렇지요? 그만두는 게… 네? 뭐라고요?"

내 답변에 스스로 놀란 어이없는 상황이었다. 왜냐하면 당시의 나를 지탱해주고 있던 수입은 의류 판매가 50%, 팔찌 제작이 40%, 그리고 슈퍼마켓에서 이른 아침에 파트타임으로 일해서 버는 돈이 10%였다. 빚을 갚기 위해 더 부지런히 돈을 벌어야 하는 내게 있어서 의류 판매를 그만둔다는 것은 상당한 도박이었다.

그러나 팔찌를 구입하러 오는 손님에게 매일 "우주님으로부터 받는 힌트는 정말 대단합니다."라고 전하기 시작한 나는 우주님의 이 힌트를 무시할 수 없었다. 나는 결단을 내려야겠다는 생각으로 전화를 집어 들고 "이번 시즌을 마지막으로 의류 판매를 그만두겠습니다."라고 말했다.

그러자 그 몇 시간 후부터 이상한 일이 일어나기 시작했다. 의류는 구입을 중단했기 때문에 남은 것은 재고 정리뿐이었는데, 의류 매상이 줄어드는 것과 반비례하여 팔찌 주문이 증가한 것이다.

당시 나는 이른 아침에 슈퍼마켓에서 파트타임으로 일을 했고, "아침 일찍 일어나 파트타임으로 일을 하면서까지 빚을 갚기 위해 열심히 일하는 내가 자랑스럽다."고 생각하며 나름대로 최선을 다하고 있었다. 그런데 어느 날 아침 일찍 슈퍼마켓으로 향하는 내게 우주님이 이런 말을 걸어왔다.

"본업만으로 먹고살 수 없다는 건 정말 한심한 거야."

"!!!"

"그럴 수밖에 없지. 프로라면 파트타임으로 일을 할 리가 없지."

"……."

"설마 너 정말 그게 자랑스럽다고 생각하고 있었던 거냐?"

"……."

"본업만으로 충분히 먹고살 수 없다는 건 절대로 자랑할 일이 아냐!"

"…아닙니다! 저도 할 수 있습니다. 저는 한심한 인간이 아닙니다. 제가 하고 싶은 것만 하면서도 충분히 먹고살 수 있습니다! 먹고살 수 있다고요!"

"오케이! 나이스 오더!"

돌이켜 보면 8년이나 지속하고 있던 슈퍼마켓 파트타임. 파트타임 직원 신분이면서 그 부문을 총괄할 정도로 베테랑이 되어 있었기 때문에 내가 그만둔다는 말을 안타깝게 받아들이는 사람들과의 이별은 가슴이 아팠다. 하지만 나는 결심을 하고 그만두었고, 그 후 또 한 번 놀라지 않을 수 없었다.

생활을 할 수 없을지도 모른다, 빚을 갚을 수 없을지도 모른다는 걱정은 기우였다. 신기하게도 팔찌 매상만으로 그럭저럭 먹고살 수 있게 된 것이다.

드림 킬러에 대처하는 법

오랜 세월 동경해온 의류점을 접고 파트타임마저
끊어버린 나는 파워스톤 팔찌만을 전문적으로 취급하는
사람이 되었다.

이런 말을 하면, "빚에 허덕이다가 영적인 세계에
빠져버렸다."고 생각하는 사람도 있을지 모른다.

나 자신도 결단을 내리고 그만두기는 했지만 "정말
이렇게 해도 괜찮을까?" 하는 걱정이 드는 순간이
있었고, 주변에서도 처음에는 그런 걱정을 해주는 사람이
많았다.

"지금까지 찾아오던 손님들에게 미안하지 않아?"

"파워스톤만으로 먹고살겠다니, 정말 무모하다."

이런 식으로 직접적인 조언을 해주는 사람도 있었고,

"뭐야, 그 가게, 옷은 진열하지 않고, 이상한 팔찌를 팔던데?"

이렇게 빈정거리듯 소문을 내고 다니는 사람도 있었다.

아무리 먹고살 수 있게 되었다고 해도 이런 말은 듣기 거북했다. 가장 기가 죽었던 것은 오랜 친구로부터 "의류 판매 사업으로 성공하겠다던 뜻을 접은 거야? 포기한 거야? 정말 유감이다. 실망이야…. 너의 뜻이라는 게 그 정도였던 거야?"라는 말을 들었을 때다.

나는 반박할 수 없어서 고개를 숙이고 집으로 돌아왔지만, 집에 도착한 순간 분노도, 슬픔도 아닌 묘한 기분에 휩싸였다.

"아! 더 이상 못 참겠어!"

소파에 놓여 있는 베개를 화풀이하듯 발로 힘껏 걷어찼을 때, 우주님이 나타났다.

"뭐야? 오늘은 표정이 묘한데."

"저도 화낼 줄 아는 사람입니다. '실망이야. 너의 뜻이라는 게 그 정도였어?'라는 말을 들으니까 참을 수가 없습니다."

"흐음, 그 말은 결국 너도 그렇게 생각한다는 뜻이지?"

"네?"

"뭐가 '네?'야! 너 누구에게 화풀이하는 건데? 네가 최근에 들은, 의류점을 그만둔다는 데에 관한 비판이나 조언들, 그거 모두 너 자신이 그렇게 생각하기 때문에 듣게 된 말들이라고."

"무슨 말입니까! 저는 그렇게 생각한 적 없습니다!"

"그럼 왜 화를 내는데? 왜 가슴이 아픈데? 너 자신이 그렇게 생각하지 않는다면, '그래, 그렇게 생각하는 사람도 있겠지.' 하고 넘어가면 되는 거 아니냐? 애당초 네가 그렇게 생각하지 않는다면, 네게 그런 말을 하는 사람은 나타나지 않아. 네게 발생하는 모든 일들은 전부 너의 내부에 있는 에너지가 겉으로 드러나는 것이니까."

"아, 그건…, 하지만…."

"'하지만'이 아냐! 너는 깨끗하게 체념할 줄을 모르는 인간이야. 그리고 그 '변명하는 듯한 말버릇' 좀 그만해. 그럼 묻겠는데, 왜 반박하지 못했지? 왜 그런 말에 신경을 쓰는 건데? 그 말들이 너의 정곡을 찌르는 것 같으니까 반박하지 못하는 거 아냐?"

"……."

"잘 들어. 그건 드림 킬러dream killer야."

"드림 킬러요?"

"우주에 주문을 하는 초보자 앞에 반드시 나타나는 '드림 킬러'라고. 잘 들어. 드림 킬러가 나타나면 너 자신이 시험을 당하고 있는 것이라고 생각해야 돼."

구실이나 트집은
나약한 마음이
표출된 것

사람들은 변화를 싫어하는 동물이다. 불행한 사람은 마음속으로 계속 불행하다고 생각해야 안심할 수 있고 행복한 사람은 계속 행복해야 안심한다. 그런 성질이 있다. 이것은 일종의 생존 본능이다. 익숙한 상황이 행복이건 불행이건 그것이 살아남기 위해 가장 안전하다고 뇌의 중추, 뇌간이 판단하는 것이다. 이른바 마음의 전제라는 것이다.

이 전제는 매우 강하다. 불행에 익숙해져 있는 사람이 '행복해지겠다.'고 결심하고 주문을 해서 행복한 변화가 찾아오면 반드시 그동안 익숙했던 불행으로 되돌리려는 훼방꾼이 나타난다. 그래서 좋은 일이 있어도 그것이 계속 이어지지는 않을 것 같은 불안감이 느껴진다.

이 훼방꾼이 드림 킬러다! 그럴 때에는 자신의 잠재의식이 시험당하고 있다고 생각해야 한다. 주문 초보자는 대부분 그때까지 불행한 주문만 해왔다. 그런 사람이 자신의 사고, 즉 현재 의식으로 갑자기 행복한 주문을 하면 잠재의식이 겁을 먹는다. 드림 킬러는 주문을 한 본인의 잠재의식의 반발과 불안을 그대로 눈앞에 드러낸다. 그런데 이것 역시 커다란 힌트다. 히로시의 경우를 예로 들어 말한다면 익숙한 상황을 놓아버린 그 자신, 정확하게는 히로시의 잠재의식이 아직 변화에 대응할 수 있는 상황에 이르지 않았기 때문에 "이것으로 정말 괜찮은 것일까?" 하는 불안감을 느끼는 것이다.

그리고 그런 불안감은 주변 사람들이 그대로 표현해준다. 흔히 "상대방은 자신의 마음의 거울이다."라는 말이 있는데, 맞는 말이다. 상대방은 본인의 잠재의식을 반영하는 거울이다. 사람들은 본인이 표현하는 말버릇의 에너지를 통하여 자신에게 무슨 말을 하고 있는지, 자신을 어떻게 생각하고 있는지를 상대방에게 전한다. 모든 사람의 의식과 의식은 우주의 진리로 연결되어 있기 때문이다. "이것으로 정말 괜찮은 것일까?" 하는 불안이 우주에 의해 증폭되면서 그것을 지적하는 사람들이 모여드는 것이다.

잠재의식의 불안감이 겉으로 드러난 것, 그것이 드림 킬러다. 상대방의 말에 화가 나거나 슬픔이 느껴지거나 부정적인 감정이 느껴진다면 그것은 본인이 스스로를 그렇게 생각하고 있다는 것이다.

드림 킬러에 맞서 이겨내려면 어떻게 해야 할까. 간단하다. 잠재의식은 지금까지 100엔짜리 컵라면만 주문했던 당신이 갑자기 3천 엔짜리 스테이크를 주문했다는 데에 불안감을 느끼고, "정말 괜찮을까? 감당할 수 없을 것 같은데, 정말 괜찮을까?" 하고 두려움을 느끼는 것이니까, 자신의 주문에 대해 자신감을 가지고 당당하게 "문제없어."라고 대답하면 된다. 그리고 자신을 향해 전적인 신뢰와 사랑을 전하고, "커다란 변화와 행복을 받아들일 준비는 갖추어졌어! 그러니까 스테이크를 주문하자! 이제 스테이크를 먹을 수 있는 내가 된 거야!"라고 다시 한 번 당당하게 주문을 한다. 그렇게 하면 주변의 목소리는 저절로 사라질 테니까 반드시 실천해보자.

소원이
이루어지기는 했는데
정말 괜찮을까?

먼저 스스로 자기편이 되어야 한다

"드림 킬러는 나 자신…."

"너, 우주의 힌트를 따라 의류점을 그만두기는 했지만 마음속 어디에선가는 불안감을 느끼고 있었지?"

"그야, 의류 판매는 제가 동경해온 일이었으니까요."

"동경했다고?"

"의류 판매는 멋도 있고…."

"멋이 있다고? 누가 볼 때?"

"누가 볼 때? 흐음…, 주변 사람들이 볼 때…."

"의류 판매가 멋이 있으니까 하고 싶다고 생각한 너는, 누군가로부터 주목을 받고 싶다, 사랑받고 싶다, 소중한

대접을 받고 싶다, 특별한 대우를 받고 싶다는 바람을
가지고 살아왔다는 뜻이야.”

“그… 그런 말을 들으니까 창피합니다.”

“그래. 너는 창피한 사람이야. 정말 창피한 사람이지.
주문의 구조에 대해서는 지금까지 계속 설명해왔지?
누군가로부터 주목을 받고 싶다, 사랑받고 싶다, 소중한
대접을 받고 싶다, 특별한 대우를 받고 싶다, 이런 주문의
참뜻이 무엇이라고 생각하지?”

“그건… ‘꿈꾸는 듯한 말버릇’에 해당하는 주문을 하면
그 상황이 절대로 바뀌지 않는다는….”

“그렇지! ‘멋있어 보이니까 하고 싶다’고 생각하고
있는 이상, 너는 계속 멋이 없는 사람으로 살아가게 되는
거야. 실제로 2천만 엔이라는 빚만 졌잖아. 이 상황이
멋있냐? 응?”

“…아니, 그…, 멋있지는 않지요.”

“그렇지? 하지만 인간은 변화를 싫어해. 그런데 갑자기
가게 상품이 파워스톤으로 바뀌니까 너의 잠재의식이
두려움을 느낀 거라고.”

“잠재의식이?”

“그래. 간신히 너 자신을 사랑하게 되기는 했지만

지금까지 계속 괴롭혀왔기 때문에 잠재의식은 당연히
새로운 변화에 불안감을 느낄 수밖에 없지."

"그렇군요…. 그럼 어떻게 해야 하지요?"

"우선 네가 선택한 결정에 자신감과 긍지를 가져야지.
너, 팔찌 상점은 어떻다고 생각해?"

"글쎄요…. 의류이건 팔찌이건 그것을 손에 넣은
사람이 행복을 느낄 수만 있다면 둘 다 마찬가지라고
생각합니다."

"그 말은, 너는 지금 '팔찌 판매를 해도 멋있는
사람으로 보일 수 있다'고 생각한다는 뜻이지?"

"그렇습니다. 저도 그렇고 주변 사람들도 행복해지면
좋겠다고 생각합니다. 실제로 그렇게 될 것이라고 믿고
있고요."

"그거야! 그거! 지금까지와는 전혀 다르잖아. 너는
빚을 갚고 행복해지고 싶다고 결심을 했어. 수업에서도
말했지만 사람은 에너지 덩어리야. 그리고 모든 것은
우주의 진리로 연결되어 있지. 하지만 우주에는 지구상에
있는 각 개인의 에너지를 판별하는 능력은 없어.
자신을 다루는 방식은 주변 사람을 다루는 방식이고,
자신에게 던진 말은 주변에 던진 말이야. 그러니까

자신을 행복하게 하는 사람은 주변 사람들도 행복하게 만드는 거야. 주변 사람들을 행복하게 할 수 있는 사람은 본인도 행복하지. 그것이 바로 우주의 진리야. 너는 지금 그 첫걸음을 내디딘 거야. 네가 하는 일을 너부터 인정해줘야 해. 네가 진심으로 스스로를 믿고 자기편이 되지 않는 한, 너의 잠재의식이 너를 믿고 웃어줄 수는 없겠지? 너의 잠재의식이 미소를 지을 수 있다면 주변 사람들도 미소를 짓게 되는 거야. 한번 해봐!"

그 후 나는 욕실로 들어가 거울 속에서 복잡한 표정을 짓고 있는 내게 조용히 미소를 지어보였다.

"커다란 변화와 행복을 받아들일 준비는 갖추어졌어! 그러니까 빚을 갚고 싶다는 주문과 행복해지고 싶다는 주문을 하자! 나는 빚을 갚았어! 나는 행복해졌어!"

그렇게 말하고 나자 나의 마음에 커다란 변화가 나타났다. 어린 시절, 새로운 무엇인가를 시작할 때에 느꼈던 두근거리는 감정이 가슴속에서 서서히 끓어오르기 시작한 것이다.

나는 거울 속의 나를 향해 조용히 말했다.

"지금의 나는 믿을 수 있으니까 안심해. 그리고 파워스톤 상점은 멋있는 일이야. 많은 사람들을 행복하게 해줄 수 있어. 고마워. 사랑해."

그렇게 말하자 거울 속의 내가 미소를 지어보였다.

나는 다시 한 번, "변화를 받아들이자. 반드시 나는 행복해질 거야."라고 마음속으로 선언했다.

2부

드라마틱한 상황을
좋아하는 우주

예상 밖의 전개가 펼쳐질 때가 있다

파워스톤 팔찌 상점 주인이 된 나는, 어느 날 우주님에게 이런 주문을 했다.

"파워스톤 팔찌 사업을 좀 더 확장하고 싶습니다! 그렇게만 할 수 있다면 뭐든지 할 수 있으니까, 힌트 좀 주십시오!"

"헛, 너 꽤 의욕적이다."

그로부터 며칠 후 한 통의 전화가 걸려왔다.

"HKB의 '신나는TV'입니다만…."

나는 생각했다.

'그래! 우주님의 반응은 정말 빨라!'

"네! 무슨 일이시지요?"

한껏 들뜬 내게 상대방은 이렇게 말했다.

"봄 의류 신상품 특집을 진행하고 있는데 취재 좀 할 수 있을까요?"

'응? 의류?'

우주님에게 주문을 한 이후에 방송국에서 걸려온 전화였다.

'뭐야, 팔찌 취재가 아니었어? 나는 팔찌 사업을 확장하고 싶다는 주문을 했는데?'

나는 이미 의류 판매에서 손을 떼었기 때문에 상점에는 의류가 없었다. 거절하는 수밖에 없다고 생각했다.

"저, 정말 죄송하지만…."

이렇게 말을 꺼내는 순간, 우주님이 나타나 험악한 표정으로 나를 노려보았다.

'혹시 뭔가 의미가 있는 것일까?'

이렇게 생각하고 상대방에게 일단, "봄 상품을 준비할 수 있을지 지금은 확실히 알 수 없어요. 다시 곧 전화 드리겠습니다!"라고 말한 뒤에 전화를 끊었다.

너!

"아니, 하지만 이제 의류 판매는 그만두라고 말하지 않았습니까? 의류 재고품은 이제 없습니다."

내가 변명하듯 말하자 우주님은 "빌리면 되잖아!" 하고 말했다.

"네?"

"너, 뭐든지 하겠다고 말하지 않았어?"

"…그, 그렇기는 하지만."

"그리고 지난번에 가르쳐준 말버릇을 벌써 잊어버린 거야? 무슨 일이 발생하면 반드시 해야 하는 말이 있잖아!"

"아…, 네! 그래! 이것으로 소원이 이루어졌어!"

커다란 목소리로 되풀이해보자 정말 이 상황에 어떤

의미가 있는 것 같으면서 왠지 가슴이 설레는 느낌이
들었다.

'그래. 알아볼 수 있는 만큼 알아보자.'

이렇게 마음먹고 도매상에 전화를 걸어 사정을
설명했다. 그러자 "다시 통화를 하게 되면 우리에게
연락을 주십시오."라고 두 군데에서 봄 신상품을
촬영용으로 빌려주겠다고 말했다.

나는 즉시 방송국에 전화를 걸었다.

"신상품을 준비할 수 있을 것 같습니다. 취재를 오셔도
됩니다."

이렇게 말하고 날짜를 잡았다.

그리고 취재 당일, 약속 시간에 맞춰 프로그램 제작사
사장과 여성 연출가가 가게를 찾아왔다.

"어서 오십시오!" 하고 문을 여는데, 두 사람의 뒤를
이어 독특한 분위기를 풍기는 손님이 쑥 들어왔다. 흰
고양이를 안고 있는 노부인이었다.

"소문 듣고 왔어요. 당신, 점술가지요? 기가 막히게

맞힌다면서요?"

제작사에서 나온 두 사람은 방해하지 않기 위해
노부인에게 길을 열어주었다.

"네? 점술가요?"

"내가 파트타임으로 일하는 곳에서 친하게 지내는
사람의 지인이 당신에게 점을 치고 염주를 구입했는데,
그 후에 좋은 일만 일어났다더군요. 그리고 어느 날, 그
염주가 끊어졌는데 이번에는 자궁의 질병이 발견되어
완치를 했다던데요."

아무래도 그 노부인은 뭔가 오해를 하고 있는 듯했다.

"점을 친 것이 아니라 오링테스트를 한 것입니다.

그리고 염주가 아니고 파워스톤으로 만든 팔찌입니다."

나는 노부인의 말을 정정해주었다.

"어느 쪽이건 상관없어요. 어쨌든 나도 그 테스트 좀
해줘요. 지금 은행에 가서 돈을 찾아올 테니까 나한테도
그 팔찌를 만들어줘요!"

그렇게 기관총을 난사하듯 빠르게 말한 뒤에 노부인은
마치 총알처럼 가게를 나가버렸다.

취재를 나온 두 사람의 눈이 동그래졌다.

"지금 그 이야기는 뭡니까?"

"파워스톤을 판매하시나요?"

"오링테스트라니, 그건 또 뭡니까?"

강한 호기심을 보여 팔찌에 관해서 설명을 해주자
사장이 말했다.

"저, 봄 신상품 취재는 다음으로 미루지요. 오늘은 저의
팔찌 좀 만들어주시겠습니까?"

사장에게 오링테스트를 하고 팔찌를 만들어주자,

"이제 나도 결혼을 할 수 있을 것 같은데! 그렇지 않아?

이것 봐."라고 말하며 연출가에게 자랑하듯 내보였다.

연출가는 진지하게 수첩을 들여다보면서 이렇게
말했다.

"지금 말 시키지 마세요. 언제 어머니하고 함께 팔찌를
만들러 올 것인지 생각하고 있으니까요."

그리고 사흘 뒤에 정말로 연출가는 어머니와 함께
가게를 방문했다.

그 후, 다시 날짜를 잡아 3시간 정도에 걸쳐 봄 신상품
촬영을 마쳤는데 그중에서 방영이 된 것은 4분 정도였다.

놀란 것은 그중에서 3분 정도가 팔찌 이야기였다는
것이다. 방송이 나가고 난 뒤 전화가 울리기 시작하더니
다음 달까지 팔찌 예약이 끝났다. 의류에 관한 문의
전화는 한 통도 없었다.

가게는 정신없이 바빠졌다. 방송을 본 사람들의 문의
전화와 예약이 어느 정도 마무리되자 이번에는 팔찌를
착용한 사람들의 입소문을 통해서 예약이 들어오기
시작한 것이다.

도중에 일을 중단해서는 안 되는 이유

몇 개월 후 우주님이 찾아와 말했다.

"뭐야, 히로시, 꽤 바빠 보이는데."

"네, 최선을 다하고 있습니다."

"그래. 파워스톤이건 돈이건 둘 다 에너지 덩어리라 입소문을 타고 순환이 될수록, 그것을 가지고 있는 사람의 주문은 이루어지기 쉽지."

"그렇군요! 그건 그렇고, 텔레비전 방송 취재는 우주님의 배려 덕분인 것 같습니다. 감사합니다."

"아냐. 그건 모두 흰 고양이를 안고 들어온 노부인 덕분이야. 반드시 감사해야 돼. 다음에 기회가 있으면 식사라도 대접하라고."

"아!"

그 순간 나는 깨달았다. 흰 고양이를 안고 들어왔던
노부인은 그 후 가게에 다시 나타나지 않았다는
사실을….

우주는 반드시 선불의 법칙으로 돌아간다

'우주님은 성격이 강하기는 하지만 왠지 미워할 수 없어.'

우주님 덕분에 빚이 있어도 매일 즐겁게 보낼 수 있게 된 나는, 이제는 먼저 우주님에게 힌트를 달라고 요청하곤 한다.

"저, 우주님."

"왜?"

"파워스톤 팔찌는 역시 수상쩍다고 생각하는 사람이 있겠지요?"

"뭐, 에너지는 인간의 눈에는 보이지 않으니까. 그런데 왜 눈에 보이지 않는다고 해서 수상쩍다고 생각할까? 나는 다른 사람들에게는 보이지 않지만 전혀 수상쩍어 보이지 않잖아. 눈에 보이는 것으로만 판단하면 중요한 것을 착각할 수 있어."

"……."

"뭘 진지하게 생각해? 네가 생각한다고 답이 나오냐? 그래, 구체적으로 어떤 상황인데?"

"특히 남성인 경우에 정신적인 부분에 과잉반응을 보이는 사람이 있습니다. 손님의 표정을 보면, 동양의학이라고 하면 수상쩍게 생각하는 사람이 있고, 서양의학이라고 하면 안심하는 사람이 있는 것과 비슷한 그런 느낌이 듭니다. 보다 과학적이고 학문적인 것에 안도감을 느낀다고 말해야 할까."

"흐음, 인간은 묘한 존재야. 우주의 진리만큼 과학적인 것은 없는데…, 뭐, 그건 그렇고, 어차피 너의 작은 뇌로는 쉽게 이해할 수 없겠지만 우주는 정말 단순한 구조로 이루어져 있어. 사람이 이해하건 말건 그 단순한 구조에 의해 돌아가는 거야. 아, 그렇지. 그럼 너의 그 팔찌를 과학적이고 학문적인 것으로 만들면 되잖아."

"과학적으로?"

"학문이나 과학이 그렇게 안도감을 주는 것이라면,
네가 먼저 심리학이나 코칭을 공부해보면 어때?
심리학이나 코칭은 비즈니스 세계에도 침투해 있으니까."

"심리학이나 코칭이라…."

즉시 조사를 해보니 파워스톤의 근거는 내가
우주님으로부터 배운 우주의 진리에 가깝다는 생각이
들었다. 그래서 이 분야를 더 공부해보아야겠다고
마음먹었다. 하지만 몇 군데의 심리학 강좌나 코칭
강좌를 조사해보니 비용이 만만찮았다.

"강좌 하나에 50만 엔? 더구나 지역도 도쿄이고…."

신뢰할 만한 자격을 얻을 수 있는 강좌를 수강하려면
상당한 비용이 필요했다.

"흐음, 손님이 더 늘어난 뒤에 생각해봐야겠다…."

"히로시! 지금 뭐라고 했어?"

갑자기 험악한 표정의 우주님이 눈앞에 나타났다.

"헉! 뭡니까, 갑자기!"

"그러니까 지금 뭐라고 했냐고?"

"아니, 심리학 강좌를 듣고 싶기는 한데, 비용이 너무 비싸서 좀 더 빚을 갚은 뒤에 검토해보려고⋯."

"너는 돈의 구조도 모르고 있는 거야? 돈은 선불 시스템이라고!"

"선불 시스템이요?"

"돈을 원한다면!"

"원한다면?"

"지금 당장 돈을 지불해!"

"네? 없는데 어떻게 지불을 합니까!"

"돈을 지불하지 않으니까 돈이 들어오지 않는 거야!"

"네? 무슨 말이 그렇게 복잡해요?"

"복잡한 건 너의 머릿속이지. 우주는 선불 시스템이야. 돈을 원하면 돈을 지불해야 하는 거야."

"그러니까 돈이 없다니까요!"

"아, 정말, 이 멍청이! 우주는 무한대의 에너지를
가지고 있어. 그리고 돈은 사람의 '감사'나 '사랑'이
그대로 형태가 되어 나타난 에너지 덩어리야. 에너지는
정체되는 것을 싫어한다고. 전기는 정체되면 꺼지고
물도 정체되면 썩어. 그와 마찬가지로 모든 에너지는
흐르고 있어야 비로소 그 에너지를 활용할 수 있어.
만약 네가 지금 돈을 원한다면 우선 돈을 지불해서 돈을
순환시켜야 돼."

"그렇기는 하지만… 없는 걸 어떻게…."

"이봐, 지금 또 '없으니까 지불할 수 없다'는 주문을 할
생각이야? 끈질기다. 정말 끈질겨! 너희들 인간은 정말
'빚을 지는 말버릇'을 너무 좋아해. 이제 그만둘 때도
되지 않았나?"

"빚…이라는 말은 내게는 금기어인데…."

"지금 그런 건 아무래도 상관없어. 빚이 싫으면
빚을 자산으로 만드는 수밖에 없는 거야. 지금의
네게는 큰 용기가 필요한 행위겠지만 여기에서
주저하면 돈의 흐름은 끊어질 수밖에 없어! 여기에서
주저하면 에너지가 정체되고 우주로 보내는 주문도

막혀버린다니까!"

"돈의 흐름이라…."

"나를 처음 만났을 때의 너는 거액의 빚을 갚기 위해
필사적으로 돈을 벌고 있었지? 죽을힘을 다해 빚을
갚으면서, '돈은 나가는 것', '돈은 내게 고통을 주는
것'이라고 생각하고 있었지? 하지만 본래 돈이라는 것은
사랑과 감사의 에너지야."

"사랑과 감사?"

"그래. 그러니까 지불을 해야 할 때는 진심으로 감사를
담아서 지불해야 해. 받을 때에도 진심으로 감사하면서
받아야 하고. 사랑이 담긴 마음으로 받고 사랑을 담은
마음으로 지불하지 않으면 돈이 갖추고 있는 본래의
파워는 발휘되지 않는다고."

"흐음, 그렇다면 나는 지금 돈이 없어도 어떻게든
만들어서 지불을 해야 한다는 뜻이군요?"

"그렇지!"

"더구나 사랑과 감사의 마음을 담아서 기분 좋게 돈을
지불해야 한다, 이런 말이군요?"

"그렇다니까! 돈을 사용하는 방법도 우주에 주문을 하는 것과 같아. 우선 사용할 곳을 명확하게 정해야 돼. 언제까지, 무엇을 위해, 얼마를 지불할 것인지 말이야. 또 한 가지 생각해야 할 것은, 너는 빚을 갚기 위해 돈을 버는 것이 아니라, 사랑과 감사를 순환시키기 위해 돈을 벌어야 한다는 거야."

"그렇다면 제가 우주에 빚을 갚을 수 있도록 해달라고 주문을 한 것은 잘못되었다는 말입니까?"
"잘못된 것은 아니지만, 그런 주문은 에너지가 약하지."
"그렇군요."
"그러니까 이제 슬슬 주문 내용을 바꾸어야 해."
"알겠습니다."
나는 잠시 생각한 뒤에 우주님에게 주문을 했다.

"내 주변에 우주를 믿고 주문을 하는 사람이 증가하고, 더 많은 기적이 발생해서 행복한 사람들이 증가했다! 행복한 사람들이 증가했다!"

"그렇지. 그렇게 하기 위해 필요한 힌트는 이미 줬지?"

147

나는 곧장 컴퓨터 앞에 앉아 심리학 강좌를 신청하는
칸에 내 이름과 주소를 입력하고, 수강 신청을 마쳤다.
그러자 왠지 정신이 맑아지면서 의욕이 끓어올랐다.
그리고 그날은 편안한 마음으로 숙면을 취할 수 있었다.

돈이 들어오는 말버릇이 있다

그렇게 도쿄의 심리학 세미나를 수강하기로 결정한 나는 강좌 비용을 마련해야 했다. 이제 고민하고 있을 여유는 없었다.

강좌를 수강하기로 결정하고 신청을 한 이후, 지불 기한이 명확해지자 그날까지 어떻게 돈을 마련할 것인지에만 몰두하게 된 것이다.

나는 우주님에게 이렇게 물어보았다.

"우주님, 돈이 들어오는 말버릇 같은 건 없습니까?"

"입금을 유도하는 말버릇을 물어보는 거야?"

우주 은행에
적금이 되는
'짤랑짤랑' 말버릇

　돈의 구조에 관해서 이해했으면 우주 은행에 있는 자신의 통장에 돈이 쌓이는 이미지를 그리면서 "짤랑짤랑!"이라고 말해보자. "감사합니다."라는 말을 했을 때 우주 통장에 입금이 되는 이미지를 그리는 것도 좋은 방법이다.

　또 돈을 주문할 때에는 "100만 엔이 들어왔어."라는 식으로 금액만을 이야기하는 주문보다는 "자격증을 취득하기 위해 필요한 강좌 비용 50만 엔과 교통비 총액 19만 4300엔이 4월 29일까지 입금되었어."라는 식으로 용도까지 명확하게 전한다.

　보다 구체적으로 주문을 하기 위해서는 사용하지 않는 통장에 날짜와 입금액, 용도를 기입해서 가시화하는 것도 좋다. 아울러 돈은 사랑과 감사의 에너지이니 돈을 사용한 결과가 많은 사람들의 행복과 연결될 수 있도록 설정한다. "자격증을 취득했더니 손님들이 안심하고 가게를 찾아오게 되었어. 웃는 얼굴로 돌아가는 사람들이 증가했어."라는 식이다.

또 매일 틈이 있을 때마다 머릿속으로 "짤랑짤랑!"이라고 말한다. 특히 하기 싫은 일을 해야 할 때, 상사에게 야단을 맞았을 때, 조깅이 힘이 들 때, 공부가 힘이 들 때 등등 '노동'을 하고 있다는 느낌이 들 때에는 노동에 대한 시급이 우주 은행의 자신의 통장에 입금된다. 더구나 놀라울 정도로 높은 이자가 붙는다. 그 저축은 우주 은행 통장에 쌓이게 되고 이윽고 현실이 되어 눈앞에 나타난다.

자신의 기적을 널리 알려야 한다

　이렇게 해서 강좌 비용과 교통비를 손에 넣고
도쿄에서 심리학을 수강하기 시작한 나의 세계는 눈에
띄게 폭을 넓혀갔다. 마음의 구조에 관하여 파고들수록
나는 우주의 진리에 다가가는 감각을 느낄 수 있었다.

　빌리프 체인지 테라피belief change therapy, 게슈탈트
심리요법gestalt therapy, 피아노 테라피···. 각국에서
연구되어온 마음의 치료에는 공통점이 있었다.

　그것은 잠재의식 안에 각인되어 있는 인식(전제)을
제거하고 새로운 전제를 스스로 만드는 것이다.
트라우마나 우울증 치료도 잠재의식 안에 형성된

응어리를 해소하여 건전한 상태로 이끄는 심리요법을
이용한다.

　이런 심리요법들은 내가 우주님으로부터 배운 내용과
통하는 것이 많았다.

　'감사합니다'로 잠재의식을 깨끗하게 청소하고
'사랑합니다'로 잠재의식과 서로 사랑하게 되며, 새로운
가치관을 갖추어 우주로 주문을 보내는 것, 이렇게 내가
우주님으로부터 배운 내용은 심리요법에서도 그대로
적용되는 것이었다.

　심리학을 공부하고 코칭을 배우는 동안, 팔찌를 산
손님들 중에서 치료를 받고 싶다는 사람이 생겼다.
손님에게 좋은 일이 생기면서 입소문이 계속 퍼진
덕분에 손님들이 더 증가했고, 결과적으로 우리 가게에는
사랑과 감사의 돈이 모이게 되었다.

　놀라운 우주의 힘이다.

　이제 나의 내부에는 우주님을 의심하는 마음은
티끌만큼도 없었다. 그리고 이 멋진 우주의 구조를 많은
사람들에게 전하고 싶다는 생각을 하기에 이르렀다.

팔찌를 사간 사람들에게 우주님으로부터 배운 우주의
구조, 긍정적인 말버릇을 전하는 동안에 "좀 더 자세히
듣고 싶습니다."라는 사람들이 나왔다. 그런 시기에
우주님이 말했다.

"이봐, 히로시, 언제까지 가게에 앉아서 잡담만 하고
있을 거야? 이제 장소를 만들어서 더 많은 사람들에게
이야기해야 할 거 아냐?"

"네? 많은 사람들이요? 아니, 나는 사람들 앞에서는
쑥스러워서 이야기를 못한다는 걸 잘 알고 있지
않습니까?"

"이러쿵저러쿵 핑계 좀 대지 마. 내가 눈물콧물
흘리면서 칭얼거리던 너를 이렇게 멋지게 성장시킨
기적과 관련된 이야기를 전 세계에 알리라고. 그것이
앞으로 네가 해야 할 일이야."

"기적 이야기…. 마치 헬렌 켈러 같잖아요."

"그래, 그렇지. 너는 헬렌 켈러처럼 기적적인 사람이지.
나는 설리번 선생이고. 그리고 보니 손님들 중에 미디어
관련 일을 하는 사람이 있지? 한번 상담해봐."

"……."

"야! 무슨 말을 하면 즉시 대답 좀 해. 생각에 잠기지

말고. 내가 준 힌트를 무시하면 안 돼!"

"힌트요? 솔직히 우주님의 능력을 인정받고 싶어서 그러는 것 아닙니까?"

"당연하지. 네가 여기까지 올 수 있었던 건 내 덕분 아냐? 사람들은 우주의 구조를 알아야 할 필요가 있어! 그리고 전에도 말했듯 우주에는 기적이 넘칠 정도로 쌓여 있다고. 그러니까 조금이라도 빨리 많은 사람들이 기적을 주문할 수 있도록 전해야 해! 우주의 구조를 이해하는 사람이 늘어난다는 건, 너 하나에서 멈추는 것이 아니라 눈에 보이는 모든 사람들을 너 자신으로 만든다는 거야. 네 앞에 나타나는 너의 세계는 모두 너 자신이기 때문이지!"

"네? 그게 무슨 말입니까? 모두가 나 자신이라고요?"

나도, 상대방도 '모두가 나'라고 여긴다

　많은 사람들이 우주는 하나라고 생각하지만 그것은 커다란 착각이다. 우주는 모든 사람에게 각각 하나씩 존재한다. 그리고 그 우주 안에서 발생하는 일, 눈에 보이는 현상, 모든 것이 자기 자신이라는 사실을 잊지 말아야 한다.

　지금 히로시의 눈앞에 있는 사람들은 히로시의 에너지 그 자체다. 사람뿐 아니라 지금 히로시가 있는 환경이나 사용하고 있는 물건 역시 히로시의 에너지 그 자체다. 불행에 잠겨 있는 사람은 냉정한 사람들만 만나게 되거나 이가 빠진 컵을 사용하기도 한다.

　"이것도 나이고 그것도 나이며 저것도 나다…."

　그렇게 말하면서 세상을 돌아보면, 객관적인 관점으로

자신을 바라볼 수 있고 지금 자신에게 필요한 것, 하고 싶은 것이 보인다. 그리고 말버릇을 통해 잠재의식이 바뀌면 히로시가 그러했듯, 상황이 바뀌고 우주 자체가 전혀 다른 세계로 바뀐다. 상냥한 사람, 사랑이 넘치는 사람을 만나게 되고 마음에 드는 머그컵, 깨끗한 수건을 사용하게 된다.

우주의 구조를 이해하고, 세상이 움직이기 시작하면, 다음에는 자신의 내부에서 외부로 그 구조를 전하고 눈에 보이는 모든 것에 사랑의 에너지를 주입해야 할 시기가 찾아온다. 그때는 우주로 주문을 하는 방법이나 자신의 신변에 발생한 기적을 널리 알려야 한다.

그리고 그 모든 것이 행복할 수 있기를 우주에 주문하자. 단, 이것은 눈앞의 사람을 자신의 생각대로 바꾸라는 의미가 아니다. 자신은 물론이고 상대방도 자신이라고 생각하고 소중하게 대하고 행복해질 수 있기를 기원하며 자신의 우주 전체가 행복해질 수 있도록 주문을 하라는 것이다.

그렇게 하면 어느 틈엔가 자신의 우주에는 행복한 사람들만 나타나게 된다. 자연스럽게 상대가 바뀌는 경우도 있고, 친하게 지냈지만 불행을 안겨주는 사람을 만나지 않게 되는 경우도 있다. 자연스럽게 분위기 좋은 아름다운 장소에 가고 싶어지고 그런 장소에서 생활하기 시작한다. 몸에 길치는 옷도, 살고 있는 집도, 사용하고 있는 물건들도 자연스럽게 편안하고 좋은 것들로 바뀐다. 거짓말 같으면 실행해보자. 실행해보는 것이 가장 빠르다.

"이 수건도 나 자신이니까 소중하게 여겨야지."

우주의 긍정적인 구조를 이해한다

"설마 이런 내가 사람들 앞에서 이야기를 한다는 게….
아, 아냐. 생각하면 안 돼. 우주로부터의 순수한 힌트는
0.5초 내에 실천해야 해. 생각하면 안 돼! 즉시 실천하면
되는 거야."

"그렇지. 빨리! 당장 실천하라고!"

역시 순간을 놓치지 않고 우주님이 한마디 던진다.

나는 가슴을 두근거리며 모 잡지사에 전화를
걸어보기로 했다. 사실 전에 센다이의 지역 잡지사
쪽에서 취재를 한 뒤 담당 편집자가 팔찌를 만들러
왔는데 팔찌를 착용하자마자 좋은 일이 일어났다는

소문이 순식간에 퍼지면서 그 지역 잡지사에 근무하는
절반 이상의 편집자와 디자이너들이 마치 사원증처럼
나의 팔찌를 착용하게 되었다.

"하지만 갑자기 전화를 걸어서 '세미나를 하고 싶은데,
어떻게 해야 좋은지 가르쳐주십시오.'라고 말한다면
어떻게 생각할까…. 아냐, 아니지. 생각하면 안 돼.
움직여야 해! 일단 움직이자."

나는 머뭇머뭇 담당 편집자에게 전화를 걸었다.

"우주의 구조를 전할 수 있는 세미나를 개최하고
싶습니다만…."

그러자 담당 편집자가 기다렸다는 듯이 말했다.

"타이밍이 기가 막힙니다, 고이케 씨! 사실 제가
이번에 이벤트 개최를 담당하는 부서로 자리를 옮기게
되었습니다! 제가 할 수 있는 일이 있다면 최대한
돕겠습니다!"

"그게 정말입니까? 감사합니다!"

담당 편집자는 이런 말도 해주었다.

"고이케 씨의 우주의 구조에 대한 이야기 말입니다.
그거 정말 재미있어서 어떻게 하면 좀 더 많은

사람들에게 알릴 수 있을지 우리 직원들끼리 이야기를 나눈 적이 있습니다. 그래서 타이밍이 기가 막히다고 말씀드린 것입니다. 그 이야기를 듣고 싶어 하는 사람은 틀림없이 많이 있을 것입니다."

그 후 세미나 개최 준비가 시작되었다. 우선 가게에서 몇 명을 모아 세미나를 하고 설문 조사를 해서 어떻게 하면 우주의 구조를 보다 널리 전할 수 있을지, 듣는 사람의 입장에서 궁금한 내용은 무엇인지를 확인하면서 규모를 확대해나갔다.

처음 세미나를 했을 때에는 온몸이 땀범벅이었다. (사실 지금도 그렇다.) 말도 제대로 나오지 않아 정말 힘이 들었지만 '어떻게든 우주의 구조를 전하고 싶다'는 마음으로 이야기를 하다 보니 조금씩 세미나가 즐겁게 느껴졌다.

세미나의 규모는 조금씩 확대되었고 수강생들도 증가했다. 내 경험을 바탕으로 우주님의 강인함과 능력에 대해서도 설명했다. 강연장은 매번 성황을 이루었고 나의 세미나를 들은 사람들이 우주에 주문을 하게 되었다.

어느 날, 세미나를 끝내고 돌아오는 길에 나는
우주님에게 이런 말을 했다.

"처음에는 저 같은 사람이 어떻게 세미나를 할
것인지 정말 걱정이 되었지만 시간이 흐르면서 즐겁게
느껴졌습니다."

"그렇지. 그런 거야. 네가 처음에 사람들 앞에서 말하는
건 자신이 없다고 했지만, 능력은 필요에 맞추어서
우주에서 보내준다는 걸 기억해."

"…그게 정말입니까?"

"능력도 주문이거든."

"네? 능력이 있기 때문에 주문이 이루어지는 것이라고
생각했는데, 그 반대라는 말입니까? 주문을 하면
능력까지 제공받을 수 있다고요? 그건 지나칠 정도로
긍정적이고 쉬운 것 아닙니까!"

"그래, 우주는 정말 긍정적인 장소야. 사람들이 스스로
힘든 상황을 만들어내는 것일 뿐이지."

능력이 샘솟는 말버릇을 매일 반복한다

나약한 사람이 흔히 보이는 언행이 하고 싶은 일이 있거나 원하는 것이 있어도 "~이니까 무리야.", "~는 힘들어."라고 변명을 하면서 행동하지 않는 것이다. 또 교활한 사람은 이런 식으로 변명을 생각하고 행동하지 않으면서 "마음먹으면 할 수는 있지."라는 희망을 남기려 한다.

하지만 이런 사람은 지구에서의 생명이 끝나고 우주로 돌아갔을 때, "이게 뭐야. 이것도 저것도 하고 싶었는데 나는 해본 게 없어. 하고 싶은 걸 제대로 해본 적이 없어!"라고 후회를 한다. 그리고 "그래. 이번에는 하고 싶은 일을 반드시 해보자."라며 지구로 찾아오지만 역시 실행하려 하지 않는다.

이런 식으로 발전이 없는 고리 안에 갇혀 살아가는 사람은 정말 많다. 지구는 행동의 별이기 때문에 행동을 하지 않으면 아무것도 시작되지 않는다. 그런 사실을 잘 알고 지구로 내려왔을 텐데도 행동을 하지 않는 것이다.

주문이 이루어지는 데 필요한 능력은 자신의 내부에서 샘솟는 경우도 있고 필요한 능력을 가진 사람이 보내주는 경우도 있다. 어쨌든 지금 그것을 이룰 능력이 없다고 해도 주문을 하면 우주는 그것을 이룰 수 있을 정도의 능력을 보내준다. 능력도 주문이기 때문이다.

지구에 있을 때에 사람들이 사용하는 그릇의 성능은 사람에 따라 약간씩 차이는 있어도 결국 그 사람이 이 지구상에서 하는 모든 주문은 이루어지게 되어 있다. 그렇기 때문에 만약 새로운 일에 도전할 때에는 우주를 향해 이렇게 말하면 된다.

"능력은 샘솟는 것이다!"

그리고 우주를 믿고 행동하면 된다!

기한이 지나면
주문에 이자가
붙는다

필요한 능력이나 돈은 우주로부터 샘솟는다. 필요할 때까지 확실하게 갖추어진다.

그것을 체감한 내게 우주님은 "좀 더 체감하고 연습해야 해."라고 하며 더욱 강하게 행동하라는 과제를 내주었다.

"도쿄에 갈 때는 반드시 비행기를 탈 거야."라고 정하면 비행기를 탈 수 있을 정도의 수입이 들어오고, "이 강좌는 반드시 수강해야지."라고 마음먹고 일단 신청을 하면 기한까지 반드시 그만큼의 수입이 들어온다. 이 체험은

서서히 나의 내부에 '마음먹으면 갖추어진다'는 신뢰를
안겨주었다.

　세미나 수강생들로부터 체험담도 들어왔다.
　많은 사람들에게서 우주로 보낸 주문과 그것이
이루어지는 과정을 전해 듣고 나는 여기에 어떤 법칙이
있는 것이 아닌가 하는 생각이 들었다. 기한을 정한
주문이 늦게 이루어졌을 때 이자가 붙는 것은 아닌가
하는 것이었다.

　어느 날, 우주님에게 물어보았다.
　"기한을 정하고 주문을 하면 그것이 약간 늦게
이루어지거나 잊어버리고 있을 때에 실현되는 경우도
있는 것 같습니다. 그런 경우, 기한에 맞게 주문이
이뤄졌을 때보다 더 나은 결과가 나오는 것 같은데, 이건
기분 탓입니까?"
　"아니지. 당연한 현상이야."
　"당연하다고요?"
　"그래. 우주로 보내는 주문은 기한 안에 이루어지는
것이 기본이지만 주문을 한 사람의 상황이나 타이밍이나

바라는 내용에 따라 늦어질 수도 있어. 우주는 보다 드라마틱한 전개를 좋아하니까."

"드라마틱한 전개라고요?"

"예를 들면, 인기 없는 가수가 연초에 '올해야말로 히트곡을 낼 거야.'라고 마음먹고 주문을 했다고 치자. 우주로부터의 힌트에 따라 1년 동안 열심히 노력했는데 12월 31일이 되어버렸어. 그럴 경우, 어떤 기분이 들까?"

"글쎄요…. 우울해지겠지요. '주문이 이루어지지 않았다'는 생각에."

"그렇지! 하지만 그래서는 안 되는 거야! '이루어지지 않았다'는 생각이나 말은 새로운 주문이 되니까."

"하지만 연내에 히트곡을 내고 싶다는 주문을 했는데 이루어지지 않았으니까 당연히 그런 기분이 들 수밖에요."

"그게 아냐! 기한이 지났을 때에는 더 큰 기회가 찾아온 것이라고 생각해야 하는 거야!"

"대체 무슨 말인지… 이해할 수 없습니다."

이자가 붙는
우주의 원리를
이해한다

우주로 보내는 주문에 기한을 첨부하는 것은 주문을 보다 명확하게 우주에 전달해서 주문을 실현하겠다는 각오를 다지기 위해서이지만 그 외에 또 한 가지 이유가 있다.

우주에는 이자 제도가 있다. 빚에 쫓기는 히로시에게는 이자라는 말이 가슴 아프게 들리겠지만 이쪽은 마이너스가 아닌 플러스에 해당하는 이자다. 우주에 기한을 정한 주문을 하고 우주가 보내준 힌트를 실천했는데 원했던 날까지 소원이 이루어지지 않았다면 커다란 기회라고 생각해야 한다. 즉, 보너스를 받을 수 있는 기회라고 생각하는 것이다.

기한 안에 소원이 이루어지지 않았다는 것은 우주가 보다 드라마틱한 연출을 생각하고 있다는 증거다. 즉, 우주 자체도 그 주문을 마음껏 즐기고 있기 때문에 시간이 걸리는 것이다. 예를 들어, 가수가 히트곡을 내고 싶다는 주문을 한 경우, 보다 드라마틱한 전개를 생각하는 것이다. 가령 어느 날 길에서 연주를 하고 있는데 우연히 그곳을 방문한 마돈나의 눈에 띄었다는 식으로 기적적인 스토리를 생각하는 것이다.

그렇기 때문에 기한이 지나면 이렇게 외쳐야 한다.

"그래! 이제 이자가 붙었어! 원했던 것보다 더 큰 결과를 얻게 되었어! 우주님, 감사합니다!"

우주는 자신을 믿고 즐겁게 살아가는 사람의 주문을 좋아하니까 이자를 당당하게 요구해도 괜찮다. 그렇게 외치면 우주는 더 신이 나서 보다 드라마틱한 전개를 보여줄 것이다. 무슨 일이 있어도 "뭐야, 이루어지지 않았잖아."라는 말은 금지다. 눈앞까지 다가와 있던 멋진 전개가 한순간에 사라져버릴 수도 있으니 주의해야 한다.

인연을 이어주는 우주 네트워크

우주님을 만난 지 5년, 이제 나의 내부에 '빚은 갚기 힘들다'는 불안감은 완전히 사라졌다. 거액의 빚을 변제하면서도 매일 즐겁게 생활할 수 있게 되었다.

그즈음, 나의 마음에 어떤 한 가지 주문이 떠올랐다. 그래서 결심을 하고 우주님에게 그 주문을 하기로 했다.

"우주님, 주문하고 싶은 것이 있습니다."

"뭔데?"

"평생을 함께할 배우자입니다!"

그러자 우주님이 지금까지 본 적이 없는, 히죽거리는

표정을 지으며 말했다.

"뭐야, 갑자기 사랑이 그리워진 거야? 그게
이루어지기를 바라냐?"

"주문이니까 당연히 이루어지겠지요."

"뭐야! 이거 세게 나오는데! 그럼 너, 지금 선언해!"

"선언이요?"

"그래. 언제까지 결혼할 것이라고 선언하라고."

"언제까지? …그럼 1년 안에 결혼하겠습니다!"

우주님은 쑥스러운 표정으로 고함을 지르듯 외치는 내
모습을 곁눈으로 바라보면서, "좋아. 알았어. 그럼 주문을
전달하고 올게." 하고 샘물로 들어갔다가 잠시 후에
돌아와서 이렇게 말했다.

"좋아. 주문은 전달했어."

"그럼 우주님의 힌트를 기다리면 되겠군요!"

내가 들뜬 표정으로 말하자, 우주님이 생뚱맞은
이야기를 했다.

"아니, 그게 좀 달라. 사람과의 인연을 주문할 때에는
말이지, 우주 중매 네트워크에 부탁해야 돼. 이런 문제는
그 녀석들이 담당하거든."

"우주 중매 네트워크요?"

"그래. 아, 잠깐!"

우주님은 그렇게 말하고 샘물에 손을 넣더니 뭔가를 꺼냈다. 휴대전화였다.

"아, 우주 중매 네트워크죠? 우리 히로시가 결혼을 하겠다고 결심했어요. 응? 아, 그렇지요. 마침내 여기까지 온 거죠. 그렇지요. 당연히 내 덕분이지요. 네, 알았어요. 그럼 잘 부탁해요!"

그렇게 말하고 전화를 끊더니 휴대전화를 샘물에 다시 던졌다.

"자, 내가 할 일은 끝났어!"

우주님은 이렇게 말하고는 주방으로 날아가 냉장고 문을 열고 큰 소리로 외쳤다.

"히로시, 이게 뭐야! 발포주에서 캔맥주로 격상된 거야?"

며칠 후, 나는 깜짝 놀랄 광경을 보게 되었다.

한밤중의 일이었다. 화장실에 가려다 욕실의 불이 켜져 있는 것을 보았다.

'불을 끄지 않았나?'

그렇게 생각하고 불을 끄러 가까이 갔을 때였다. 욕실

안에서 목소리가 새어 나왔다.

"아, 미도리, 기다리고 있었어. 오랜만이야."

욕실 문을 살며시 열고 안을 들여다보자 거기에는,

'…응?'

"정말 오랜만이야. 그런데 네가 담당하고 있는 사람이 히로시라고 했나? 이 사람, 지금까지 결혼에 관한 주문은 한 번도 한 적이 없어. 그러니까 내가 찾아올 기회가 없었지."

"어쨌든 재회를 축하하며 건배나 하자고. 그 녀석,
줄곧 발포주를 마시더니 최근 들어 캔맥주로 바꾸었어.
하나부터 열까지 맥이 빠지는 녀석이라니까. 그래도
요즘에는 꽤 변했어. 그런데 우주 중매 네트워크에
괜찮은 여자는 있어?"

'우주 중매 네트워크? 지난번에 우주님이 말했던
그곳인가?'

"호호호, 응, 있어. 마침 며칠 전에 남자를 원한다고 주문을 한 여자가 있지. 히로시에게 딱 어울려. 이것 봐, 어때?"

"오! 뭐야? 너무 멋진데. 히로시에게는 아깝지 않아?"

'뭐야, 내가 자리에 없다고 저런 식으로 말하는 거야? 그건 그렇고, 나도 사진을 보고 싶은걸. 정말 보고 싶다.'

"그럼 잘 준비해둘게."
"그래. 부탁해."

다음 날이었다.
여느 때처럼 파워스톤 팔찌 도매상을 찾아갔는데 늘 상냥하게 대해주는 점원이 갑자기 마음에 들어오기 시작했다.

우주에 감사의 마음을 전한다

가게 운영은 매우 순조로웠고 빛도 조금씩 줄어들고 있었다.

"빚은 아직 남아 있지만 즐거워서 견딜 수 없을 정도입니다. 정말 신기합니다. 감사합니다!"

어느 날, 가게에서 내가 이렇게 중얼거리고 있는데, 우주님이 나타나 이렇게 말했다.

"너 기분 좋은 것 같다. 시간이 늦어져도 초조해하지 않고, 좋을 때, 나쁠 때 관계없이 긍정적인 마음으로 감사할 줄도 아네. 이제 우주의 구조를 제대로 이해한 것 같아. 좋아, 그럼 슬슬 신사에 가볼까?"

"신사는 여행을 가거나 할 때 가끔 찾아가 참배하고
있습니다."

"아냐. 네가 가야 하는 곳은 네가 살고 있는 지역의
신사야. 수호신이 있는 신사 말이야. 이 지역에는
나카다中田 신사가 있지? 그곳을 정기적으로 찾아가
참배해야 해. 매달 1일 아침이라고 시간을 정해놓는 것도
좋지."

"알겠습니다. 그런데 왜 수호신을 찾아가 참배해야
하지요?"

"자신이 살고 있는 지역을 지켜주는 수호신이니
당연히 감사의 말을 전해야지. 위대한 신에게 감사하는
것도 좋지만 그건 너무 보편적이기 때문에 큰 의미가
없어. 그보다는 지금 네가 살고 있는 곳의 수호신, 지금
함께 있는 사람에게 감사할 줄 알아야지!"

"그렇군요. 무슨 말인지 이해가 됩니다."

그다음 달 1일 아침, 나는 여느 때처럼 조깅을 한 뒤에
우주님이 시킨 대로 신사를 찾아가 수호신을 참배하기로
했다.

"그러니까… 빨리 빚을 갚을 수 있도록…."
   내가 신사에서 기도를 하려는데, 그곳까지 따라온
우주님이 버럭 소리를 질렀다.

"뭐라고? 이 멍청이! 신사에서 수호신에게 소원 따위를
빌면 어떻게 해?"

"네? 신사는 소원을 비는 곳이잖아요?"

"아니야! 아니라고! 요즘 좀 나아졌나 보다 했더니
역시 너는 아무것도 모르고 있어!"

우주에
감사의 에너지를
보낸다

우주와 연결되어 있는 파이프나 에너지 순환 시스템은 지구에 여러 개가 있다. 그중 하나는 각 개인의 내부에 존재하는 주문용 파이프다. 자신이 가지고 있는 파이프를 깨끗하게 해 우주와 연결되는 것이 가장 바람직하다. 그렇게 할 수 있으면 이 지구상에 존재하는 다양한 파이프를 사용해서 에너지를 순환시킬 수 있다.

자장磁場이 좋고, 에너지를 발산하는 곳은 우주와 직접 연결되어 있기 때문에 우주에 생각을 전할 수 있다. 또 사람과 사람의 기를 통하게 하는 파이프도 있다. 우리는 예로부터 이 파이프의 존재를 잘 알고 있다. 좋은 일이 있을 때, 매일이 행복할 때, '덕분에'라고 말하지 않는가. '덕분에'야말로 여러분이 모르는 장소에서 움직이고 있는, 다양한 파이프를 오가는 에너지다. 눈에 보이지 않는 장소에서 여러분을 위해 많은 것들이 움직이고 있다는 것이다.

신사에 가서 우주에 자신의 생각을 전하라고 하면 대부분은 '소원'부터 비는 실수를 저지른다. 하지만 이것은 잘못된 행동이다. 우주는 거대한 에너지 그 자체다. 그리고 에너지는 사랑과 신뢰로 이루어져 있다.

사람이건 돈이건, 그리고 우주이건, 에너지로 이루어져 있는 것들은 자신이 신뢰를 얻고 있고 인정을 받고 사랑을 받고 있다고 느꼈을 때 최대한의 힘을 발휘한다. 그렇기 때문에 신사에 가서 해야 할 일은 단 하나다. 주소, 이름을 이야기하여 자신의 존재를 밝힌 뒤에 우주에 신뢰와 사랑을 전하고 감사의 마음을 보내는 것이다.

"덕분에 무사히 새로운 달을 맞이하게 되었습니다. 늘 맑고 강한 에너지를 보내주셔서 정말 감사합니다. 사랑합니다."라고 전해야 한다.

우주에 사랑과 감사의 에너지를 보내라. 그 에너지의 순환이 원활히 이루어지면서 에너지가 다시 본인에게로 돌아올 것이다.

우주와 연결된
파이프는
다양하다

그로부터 몇 개월 동안 매달 1일 아침에는 반드시 신사에 가서 수호신과 우주에 감사를 전했다.

그러던 어느 날, 나는 마음에 들어온 그녀에게 데이트 신청을 하려고 했다.

마흔 살 빚뿐인 내게 찾아온 행복의 순간이었다. 기념할 만한 첫 데이트 장소는 화려한 바를 선택해야 할까, 아름다운 수족관을 선택해야 할까…. 고민 끝에 데이트 신청을 하려고 했을 때, 우주님이 그녀의 등 뒤에 나타나 이렇게 말했다.

"히로시, 야마데라山寺로 가자고 해!"

"네? 야마데라요? …야마가타山形 현에 있는? 그 계단 많은…?"

"그래. 그곳으로 가자고 해."

"저, 야마데라에 바람 쐬러 가지 않겠습니까?"

"네, 좋아요!"

이렇게 해서 나는 우주님의 이해하기 어려운 힌트를 따라 야마데라로 그녀를 데려갔다.

야마데라는 야마가타 현 야마가타 시에 있는 관광지로, 산 전체에 작은 사찰들이 흩어져 있다. 우리는 산기슭의 특산품 매장에서 경단을 먹고 특산품들을 구경한 뒤에 정상까지 가는 계단을 오르기 시작했다. 중턱 정도에 이르렀을 때, 그녀가 걸음을 멈추고 말했다.

"아, 숄을 안 가지고 왔어요!"

그 순간, 나는 즉시 "아, 내가 가지고 올게요." 하고 계단을 내려가기 시작했다. 그녀가 계단을 왕복하는 것이 싫었기 때문이다.

그녀가 나를 향해, "네? 어디에 있는지 알아요?"라고 말했지만 나는 "네, 걱정하지 마십시오."라고 대답하면서 계단을 가볍게 내려왔다.

"대답은 그렇게 했지만…."

사실은 어디에 있는지 몰랐다. 일단 왔던 길을
되돌아가보기로 했다. 그러자 계단을 내려가는 도중에
강한 바람이 불더니, 이런 목소리가 들렸다.

"야, 히로시! 나, 네가 누군지 알아!"

"누, 누구십니까?"

우주님처럼 신령한 존재들을 보아온 만큼 그런 존재의
등장에 익숙한 나는, 길을 서두르면서 소리가 들리는
쪽을 향해 질문을 던졌다.

"나? 나는 가라스텐구(까마귀 부리를 가진 상상의
괴물)야! 너는 매달 나카다 신사에 참배를 오는 히로시
맞지?"

"네! 맞습니다!"

"너, 마음에 드는 여자가 생겼다면서? 우주 중매
네트워크의 미도리에게 들었어. 더구나 첫 데이트라며?"

'뭐야, 미도리와 아는 사이인가?'

"네! 정말 멋진 여자입니다."

"흐음, 그래. 그런데 지금 숄을 찾으러 가는 거야? 첫

데이트니까 멋진 모습을 보여주고 싶은 거구나?"

가라스덴구는 미소를 지으며 말했다.

"네? 네, 그렇습니다. 가능하면….”

"알았어. 내가 가르쳐주지.”

그 말이 끝나자 내 머릿속에 찻집 의자에 걸쳐져 있는 숄의 이미지가 떠올랐다.

"그럼 신사에서 또 보자.”

그러고 나서 가라스덴구는 모습을 감추었다. 그가 보여준 장소에 가보니 정말로 그곳에 숄이 걸쳐져 있었다.

이런 이야기를 하면 특수한 능력이 있거나 머리가

네가 찾고
있는 건
이 숄이지?

이상한 사람이라는 오해를 받을 수도 있지만 나는
우주님의 말을 기억했다.

"그래. 우주와 연결되어 있는 파이프는 다양해.
그곳에는 우주님 같은 다양한 존재가 있고 우리에게
다양한 방식으로 힌트를 주는 거야."

빛이 있는 상태에서 결혼해도 될까

그 후에도 나는 그녀와 순조롭게 교제를 지속했고 "이 사람이야말로 내 인생의 파트너야."라는 확신을 가지게 되었다. 그 무렵, 한 가지 문제가 머릿속을 복잡하게 만들었다.

그것은 빛을 갚을 때까지 몇 년 동안 그녀를 기다리게 할 것인가, 아니면 빛이 있는 상태에서 결혼을 할 것인가 하는 문제였다.

당시 남은 빛은 1200만 엔이었다. 수입은 증가하고 있기 때문에 빛을 갚는 데에 큰 문제는 없었지만, 1200만 엔이라는 빛은 결코 좋은 인상을 줄 수 없을 것이다.

어떻게 해야 할까?

　나는 그녀에게 현재의 마음을 있는 그대로
이야기하기로 했다.
　"당신과의 미래에 대해서 진지하게 생각하고 있어. 단,
내게는 지금 빚이 있기 때문에… 아!"
　거기까지 말했을 때, 갑자기 그녀의 등 뒤에 우주님,
미도리, 가라스텐구가 다 같이 나타나 험악한 표정을
짓고 있었다.

　"너 설마 그녀를 기다리게 할 생각은 아니겠지?

기껏해야 빚이 좀 남아 있는 문제일 뿐이잖아!"

"하지만 빚이 있는 내가 그녀를 행복하게 해줄 수
있을까?"

"…너 대체 뭐냐?"

"네?"

"빚이 있는 너 자신이 불행하다고 생각하는 거야?"

"아, 아닙니다. 행복합니다. 즐겁습니다. 그래서 지금은
빚을 잊고 살고 있을 정도입니다."

"그래. 그렇게 빚을 잘 갚아나가고 있는데 왜 다시 빚
때문에 고민을 하려는 거냐? 지금 모든 일이 순조롭게
진행되고 있어. 너의 마음의 전제는 이미 바뀌었고
예전의 부정적인 주문들도 모두 사라졌어. 빚이건
인생이건 모두 순조롭게 진행되고 있잖아. 이제 너의
눈앞에는 부정적인 것들은 존재하지 않는다는 거야!
빚 지옥 따위는 더 이상 존재하지 않아! 지금은 빚
천국이라고. 안 그래?"

"…네?"

"네가 조금 전에 이렇게 말했지. '하지만 빚이 있는
내가 그녀를 행복하게 해줄 수 있을까?'라고. 그 두

가지를 모두 해결하는 방법은 두 가지 다 즐겁게
진행하는 거야. 그리고 너는 지금 최고의 여자를 눈앞에
두고 있어. 그런데 포기한다고? 알았어. 그럼 다른
사람에게 소개하면 되지, 뭐!"

"아, 아닙니다!"

나는 다시 그녀를 바라보았다.

"내게는 빚이 있어…. 하지만….

우주님, 미도리, 가라스덴구가 뚫어지게 내 입을
바라보고 있었다.

"너랑 결혼하고 싶어. 나하고 결혼해줘!"

"좋아요!"

불안한 표정으로 나를 바라보고 있던 그녀는 망설이지
않고 대답해주었다.

그 후에는 아무런 문제없이 순조롭게 대화가
진행되었다. 그녀는 나의 빚에 대해서는 전혀 걱정하지
않는 모습이었다.

그녀의 부모님에게 인사를 하러 갔을 때에도 "빚이
있습니다만 반드시 처리할 것입니다."라고 말하는 내게

그녀의 부모님은 "우리 딸하고 힘을 모아 노력하면 뭐든지 해낼 수 있을 거야."라고 말해주었다.

이렇게 해서 나는 인생 최고의 동반자를 얻었고 얼마 지나지 않아 귀여운 딸 두 명도 얻었다. 만약 내가 "빚을 갚은 뒤에야 결혼할 수 있어."라고 생각했다면 사랑하는 그녀는 내 곁에서 떠나버렸을지도 모른다. 천사처럼 귀여운 딸들도 만날 수 없었을 것이다.

우주님을 만났을 무렵, 내가 가장 먼저 우주에 주문한 것은 "빚을 10년 안에 갚겠다."는 것이었다.

그러나 우주의 구조를 이해한 뒤에는 "나와 나의 소중한 사람, 내가 만든 팔찌를 착용하는 모든 사람들이 행복해지기를 바란다."는 주문으로 바꾸었고 그 마음을 끊임없이 말로 표현했다. 주문이란 사랑과 감사를 바탕으로 발신하는 에너지라는 사실을 깨달았기 때문이다.

배우자로 인해
주문의 힘이
배가 된다

결혼식 당일 우주님은 단 한 마디, 이렇게 말했다.

"너, 아내에게 돈 걱정은 절대로 시키지 않겠다고 맹세해!"

"물론입니다!"

결혼 후 가계는 내가 관리했는데 빚 변제는 놀라울 정도로 순조롭게 진행되었다. 그 달의 매상, 남은 빚에 관한 상세한 내용은 아내에게 말하지 않았다. 쓸데없는 걱정을 끼치고 싶지 않아서였다.

나는 결혼 초 빚 변제와는 별도로 매달 80만 엔을

집에 가져다주겠다는 주문을 했는데 아내가 주문한 것은
"매일 가족이 행복하게 저녁 식사를 하게 해달라."는
것뿐이었다.

우주님에게 그 이야기를 했더니, "부부는 서로
공명해야 돼. 또 서로를 전적으로 믿으면 주문의 힘도
배가 돼. 너의 아내가 행복한 시간을 주문하고, 네가
그것을 위해 필요한 돈을 주문하는 것이야말로 정말
이상적인 주문이지."

확실히 아내는 나를 전적으로 믿어주었다.

"당신이 그렇다면 그런 거지, 뭐."

일관적으로 믿어주는, 의심하지 않는 사람이었다. 나를
믿어준다는 기쁨과 사랑이 나의 의욕에 불을 붙였다.

또 결혼 후 내게는 미도리가 자주 찾아오게 되었고, 사랑하는 사람과의 원만한 관계에 관한 힌트를 주었다.

백화점에서 쇼핑을 하고 있을 때, 미도리가 내 귀에 이렇게 속삭였다.

"히로시! 네 옷을 구입할 때는 반드시 아내 옷도 사주는 거야. 그리고 아내에게 옷을 사줄 때에는 절대로 돈을 아까워하면 안 돼!"

"아, 그렇지요. 저도 그렇게 생각합니다."

"남자는 아내를 얼마나 행복하게 해주는가 하는 부분이 자기긍정감과 연결돼. 자기긍정감이 있으면 에너지를 순조롭게 순환시킬 수 있어. 또 에너지가 순조롭게 순환되면 모든 일이 뜻대로 풀리게 돼. 그러니까 아내를 위한 물건을 고를 때는 가격표를 보지 마. 비싸고 싼 것에 얽매이지 말고 아내가 좋아하는 것을 사주라고. 마음에 드는 것을 사주는 거야. 아내에게는 철저하게 그렇게 행동해야 돼."

배우자를 행복하게
만드는 게
곧 내 행복이다

히로시가 드디어 행복해졌다. 축하할 일이다. 여기에서는 남자와 여자가 사랑을 구축하는 방식에 관해서 특별 강의를 할 생각이다. 자, 모두 메모 준비를 하시라.

우선 남자는 여자에 대해 '해준다'는 생각을 해서는 안 된다. 남자라면 사랑하는 사람을 여신이라고 생각하고 대해야 한다. 남편이 되어서도 군주 같은 행동을 해서는 안 된다.

"여보, 커피!"

이런 식으로 명령하듯 말하는 태도는 절대 금물이다. 아내에 대해 "내가 돈을 벌어오잖아."라는 식으로 생각하면 안 된다. 오히려 "나는 이 여신을 더 행복하게 해줘야 돼."라고 생각해야 한다. 그리고 그렇게 할 수 있는 자신에 대해 "여신을 행복하게 만들어주는 내가 진짜 남자야."라고 말하자. 아내의 행복도가 높아지면 자기평가도 높아진다.

"아내를 행복하게 해주고 있어."

"좀 더 아내를 행복하게 해줘야 돼."

이런 생각은 우주로 보내는 주문이 되어 소원을 현실로 만들어준다.

또 한 가지 중요한 것은 신뢰와 사랑이다. 우주님이 늘 "에너지는 신뢰와 사랑이다."라고 말하는데 이것은 부부 사이에서도, 자녀와의 관계에서도 마찬가지다. 서로를 전적으로 신뢰하고 사랑하며 서로의 행복을 위한 주문을 우주에 보낼 수 있다면 그 힘은 몇 배, 아니 수십 배가 될 수 있다.

그러니까 배우자에게는 "사랑해."라는 말을 전하자. "쑥스럽게 어떻게…."라는 생각은 버려야 한다. 만약 쑥스러워서 도저히 말하기 어렵다면 처음에는 배우자에 대해 '사랑의 빔'을 쏘자. 그러다 보면 자연스럽게 "사랑해."라는 말이 나올 수 있다.

여자는 '남자가 여자를 행복하게 해주는 상황'을 빼앗아서는 안 된다. 그리고 여자는 남자에게 너무 헌신적이어서는 안 된다. 또 여자는 상대방에게 도움이 되겠다는 생각에 자신의 가치관을 강요하거나 자신이 원하는 쪽으로 상대방을 바꾸려 하는 경향이 있는데, 이것은 난센스다. 무엇인가를 해주고 사랑을 받는다는 것은 의존이다. 남자는 신뢰를 받고 싶어 하는 존재다. 그리고 본인이 자신의 여신에게 무엇인가 해줄 수 있다는 것을 진심으로 기뻐하는 존재다.

그렇다. 남자는 여자가 생각하는 것보다 단순하다. 따라서 여자는 남자를 전적으로 믿어주어야 한다. 어머니처럼 보살펴주는 것이 아니라 남자가 여자를 행복하게 해주기 위해 노력하는 상황을 빼앗지 않는 것이 중요하다. 그리고 행복한 시간을 만든 남자에게 진심으로 감사해야 한다.

한편, '조신한 여자' 따위는 시대에 뒤떨어진 사고방식이다. 할 말을 하지 않고 참는다는 것은 있을 수 없는 일이다. 하고 싶은 말이 있으면 확실하게 해야 한다. 그때 중요한 것은 "나는 이렇게 하고 싶어.", "나를 이렇게 대해주면 좋겠어."라는 식으로 '나'라는 기준으로 의견을 말하는 것이다. 설사 어떤 문제가 있다고 해도 "당신은 왜 항상 ~하는 거야?"라는 식으로 상대방을 비판해서는 안 된다. 몇 번이나 거듭하지만 남자는 신뢰를 얻어야 '아내를 더 행복하게 해주고 싶다'고 생각하는 단순한 존재이기 때문이다.

부정적인 말버릇을 차단하는 방법

결혼한 이듬해, 우리 부부는 빚을 끌어안은 상태에서 큰딸 메메를 얻었고, 그로부터 2년 후에 둘째딸 미를 얻었다.

빚은 계속 갚고 있었지만 내 인생은 행복감에 젖어 있었다. 가장 사랑하는 아내와 딸들이 매일 행복한 표정을 보이는 것, 그것이 나의 가장 큰 주문이 되었고 나의 기분은 더욱 고양되었다.

두 딸들은 우주로 보내는 주문을 알고 있었다. 일을 마치고 집으로 돌아오는 길에 우연히 케이크를 사왔더니 딸들이 미소를 지으며 말했다.

"우주님에게 주문을 했는데…."

"이 다음에 크면 과자로 만든 집에서 살 거야."

진심으로 주문의 효과를 믿는 그 모습을 보고 나는 한 가지 사실을 실감했다.

'나도 예전에는 이렇게 순수한 마음으로 우주에 주문을 했었어.'

어느 날 가족이 잠을 자고 있을 때, 거실에서 캔맥주를 마시며 나는 우주님에게 이렇게 말했다.

"아이들은 우주에 주문을 하는 능력이 정말 뛰어난 것 같습니다."

"그야, 아직은 우주 파이프가 깨끗한 상태이니까 당연하지. 산타클로스도 믿잖아. 본래 그것이 인간이 갖추고 있는 주문 능력이야. 그런데 살아가는 과정에서 이상한 말버릇이 몸에 배어 주문 능력이 점차 떨어지는 것이지. 우주에서 지구로 힘들게 내려왔는데 시간이 지날수록 행동을 하지 않게 되는 것, 이것은 어떤 의미에서 보면 우주의 오산이야."

"오산이요?"

"인간들이 좀 더 행동하고 싶다, 스릴을 맛보고 싶다고 말해서 지구에 공포나 슬픔까지 준비해둔 것인데, 당사자인 인간들은 그런 사실을 완전히 잊어버렸을 뿐 아니라 공포나 슬픔에 발목이 잡혀서 행동을 하지 않는 딜레마에 빠져 자살까지 하고 있으니…. 주문을 받는 쪽에서 보면 정말 한심할 수밖에 없지. 히로시 네가 그 대표적인 예라고."

"……."

"가족이라는 건 사랑이라는 에너지의 원천이면서, 다양한 전제를 만들어주는 존재이기도 한 거야. 우주에 존재하는 모든 것들은 사랑이 필요해. 그렇기 때문에 아무리 괴로운 상황에서도, 아무리 참기 힘든 상황에서도 필사적으로 사랑을 얻으려 하지. 그 때문에 가족에게 사랑을 받지 못하면 그 이유가 자신의 부족함 때문이라고 생각해서 부정적인 말버릇을 갖추게 되는 경우도 많아. 가족 사이에 부정적인 말버릇이 탄생하는 이런 연결고리를 끊지 않으면 본래의 주문 능력은 되찾을 수 없어."

"본래의 주문 능력이요?"

먼저 자신이 행복해져야 한다

갓 태어난 아이는 깨끗한 우주 파이프를 가지고 있다. 어떤 소원도 들어준다고 진심으로 믿고 있을 뿐 아니라 우주 자체를 전적으로 믿고 있기 때문에 실제로 모든 소원이 즉시 이루어진다. 그러나 그 깨끗한 감성 때문에 가족 사이에 흐르고 있는 에너지를 살피는 능력도 강하다.

특히 아이는 혼자서는 살 수 없다. 그리고 어머니의 마음에 민감하게 반응한다. 그것이 지구로 내려와서 처음으로 느끼는 공포와 불안이 되어 가족들 사이에 결여되어 있는 부분이나 부모가 필요로 하는 역할을 순간적으로 간파하며, 그 역할을 자신의 인생에 끌어들여 시나리오로 만든다. 그저 단순히 지구에서의 게임을 즐기면 되는 것인데 부모를 먼저 행복하게 해주어야 한다는 생각으로 노력하기 시작하고, 기대에 부응하기 위해 필사적인 태도를 보인다.

그 결과, 부모가 웃을 수 없는 원인이 자신에게 있다고 착각하여 부모의 기대에 부응하지 못하는 자신을 원망하고, 사랑받지 못하고 있다고 착각한다. 그리고 자신은 부모를 행복하게 해줄 수 없는 한심한 인간이라고 생각하여 부정적인 말버릇을 갖추기 시작한다. 이렇게 해서 조금씩 우주 파이프가 오염되고 주문이 이루어지지 않아 더욱 부정적인 말버릇을 앞세우게 되고 스스로를 핍박한다. 이것이 부정적인 말버릇을 생산하는 연결고리다.

하지만 가만히 생각해보자. 부모가 기분 나쁜 이유, 행복하지 않은 이유, 웃지 못하는 이유, 그것이 모두 자기 탓이라고 생각하는 것은 정말 어리석은 생각이다. 부모 역시 자신의 주문이 이루어지지 않는다고 해서 아이에게 분풀이를 하거나 그 주문을 대신 이루도록 한다면 정말 뻔뻔한 행동이다.

어머니에게는 어머니의 인생이 있다.

아버지에게는 아버지의 인생이 있다.

당신에게는 당신의 인생이 있다.

당신의 자녀에게는 그 아이의 인생이 있다.

그 누군가가 불행하다면 그것은 본인이 우주에 주문을 한 결과이고 본인의 선택이다. 본인이 아무리 불행한 표정으로 괴로워한다고 해도 그것은 본인이 바란 결과다.

히로시도 처음에는 빚 때문에 눈물콧물을 흘리며 괴로워했지만 지금은 그것이 자신의 주문 때문이었다는 사실을 알았다. 그렇다. 모두 각자의 우주를 가지고 있기 때문에 자신의 우주를 자신이 원하는 대로 즐기면 된다. 다른 사람의 우주까지 걱정하고 간섭할 필요는 없다. 부모이건 자녀이건 마찬가지다.

어머니의 불행은 어머니에게 맡기면 되고 자녀의 불행은 자녀에게 맡기면 된다. 상대방이 "나의 우주에는 나를 행복하게 만들어주는 힘이 있다."고 믿게 하는 것이야말로 진정한 사랑이다.

단, 자신의 우주에 대해서만큼은 자신이 책임을 져야 한다. 자신의 우주만이 스스로 바꿀 수 있는 유일한 세계다. 그렇기 때문에 파이프가 막힌 것을 다른 사람 탓으로 돌리면 안 된다. 어떤 이유가 있건 본래 인간이 갖추고 있는 주문 능력을 되찾고 싶다면 기적을 부르는 말버릇으로 정화해서 자신의 파이프를 되살리는 수밖에 없다.

만약 자녀들이 최고의 인생을 보내기를 바란다면, 당신

스스로가 우주에 주문을 해서 점차 행복해지는 모습을 보여주면 된다. 순수한 아이처럼 주문을 하고 순수한 아이처럼 믿고 행동하는 것이다. 그것만으로 오랜 세월 동안 가족들 사이에 형성되어온 부정적인 말버릇과 그것을 생산하는 연결고리는 끊을 수 있다. 가족끼리의 우주는 보다 밀접하게 연결되어 있기 때문에 하나의 우주가 바뀌기 시작하면 가족 전체의 우주가 바뀌는 경우도 흔히 있다.

그러니까 "나만 행복해도 되나?" 하는 걱정은 할 필요가 없다. 오히려 가장 먼저 자신이 행복해져야 한다. 우주의 진리를 깨달은 사람이 먼저 바뀌면 되는 것이다!

행복한 사람은 행복한 것만 보게 된다

"사람의 마음은 정말 섬세하게 이루어진 것 같습니다."

"그렇지. 부모가 자녀에게 물려주는 경험이나 생각, 즉 상식이나 전제라는 것은 원래 지구에 놀러올 때 가지고 온 그릇을 깨뜨리지 않기 위해 오랜 역사 속에서 조금씩 저장해온 지혜였어."

"지혜요?"

"지구에서는 지금 양극화가 시작되었어. 예전의 방법이 통하지 않는 상황으로 바뀌었다고."

"양극화?"

"그래. 인간의 불행 체험 연쇄고리가 멈추지 않고 계속 이어지면서 기적의 주문이 들어오지 않으니까 우주는 수정을 하기 시작한 거야. 우주의 구조를 좀 더 쉽게 이해할 수 있도록 말이지. 앞으로는 행복한 사람만이 행복해질 수 있어."

"네? 그 말은 불행한 사람은 행복해질 수 없다는 뜻인가요?"

"정확하게는 불행하다고 생각하고 불행한 말버릇을 지속하는 사람이 그렇다는 거야. 행복한 사람은 행복한 것만 보게 되고 불행한 사람은 점차 불행해지는 것이지."

"네? 그럼 어떻게 하지요?"

"너, 여전히 성격이 비관적이구나. 너는 이미 불행한 말버릇을 멈추었잖아? 과거로 되돌릴 생각이냐, 이 멍청아!"

"아, 그렇구나."

"'아, 그렇구나'는 뭐야? 그러니까 모든 인류가 말버릇을 바꾸어 기적의 주문을 해야지!"

"그렇죠. 우주의 기적에 정원은 없으니까요."

그러던 어느 날, 나는 어떤 백화점 앞에서 멈추어 서 있었다. 거기에는 한 쌍의 롤렉스 시계가 진열되어 있었다.

"빚을 모두 변제하면 이걸 반드시 사야지."

"야, 히로시!"

"아, 우주님, 무슨 일로?"

"지금 '빚을 모두 변제하면 이걸 반드시 사야지.'라고 말했어?"

"네, 그렇게 말했습니다."

"그러니까 네가 바보라는 거야! 지금 사!"

"네? 지금이요?"

"지금 당장 사라고! 지금 당장!"

"그게…, 빚을 모두 갚은 뒤에 그 포상으로 구입하려는 것인데 그렇게 하면 안 됩니까?"

"안 돼!"

"왜요?"

"'왜요'는 무슨! '지금은 돈이 없어.'라는 사고 자체가 문제야. 돈은 있어! 충분히 있어! 그렇게 생각해야지!"

"돈이 없어도요?"

"당연하지! 돈은 얼마든지 있어! 넘칠 정도로 있다고!"

"돈은 얼마든지 있어."라고 말한다

부자가 되고 싶다면 부자를 연출한다. 멋진 결혼을 하고 싶다면 오늘 상대를 만날 것처럼 행동한다. 지구상에 있는 많은 서적들에 씌어 있는 것이지만 "원하는 자신을 연출하면 소원이 이루어진다."는 말은 사실이다. 단, 그 구조를 이해하고 있는 사람은 많지 않다. 원하는 자신이 되거나 원하는 것을 손에 넣기 위해 이미 그런 자신이 된 것처럼 연출을 하는 것은 우주로 보내는 강력한 주문이 된다.

히로시가 보고 있던 롤렉스 시계도 마찬가지다.

"빚을 모두 변제하면 이걸 반드시 사야지."

이래서는 아무리 많은 시간이 흘러도 그것을 손에 넣을 수 없다. 설사 그것을 손에 넣는다고 해도 많은 시간이 걸린다.

"나는 롤렉스 시계가 어울리니까 사자."

이렇게 하면 상황이 완전히 바뀐다. 롤렉스 시계를 구입했다는 사실, 늘 그것이 눈에 들어오는 상황을 얻는 것으로 그에 어울리는 자신을 보다 현실적으로 이미지할 수 있다. 그리고 "롤렉스 시계를 구입했어.", "롤렉스 시계를 구입했어."라고 말로 표현하면 우주에 보내는 주문은 더욱 강력해진다. 그렇기 때문에 "롤렉스 시계를 갖고 싶다!", "언젠가 롤렉스 시계를 살 거야!"가 아니라, 어느 정도 무리를 해서라도 "롤렉스 시계를 구입했어!"라고 말할 수 있는 상황을 만들어야 한다.

말의 힘은 위대하다. 그 상황에 맞추어 롤렉스 시계가 어울리는 사람에게 걸맞은 수입이 들어온다. 또 돈이 더 들어오기를 원한다면 "내게는 충분한 돈이 있어."를 말버릇처럼 사용하면서 항상 그 증거를 찾아 연결시켜야 한다.

"오늘 맛있는 저녁 식사를 했어. 그러니까 내게는 충분한 돈이 있는 거야.", "이번 달 집세를 지불했어. 그러니까 내게는 충분한 돈이 있는 거야."라는 식으로.

우주는 좋고 나쁜 것을 판단할 수 없다고 설명했다. 그리고 우주는 현실과 가상의 현실도 구별하지 못한다. 그렇기 때문에 연출을 하면 그것이 현실이 되는 것이다.

절대로 한 가지만으로 판단해선 안 된다

그로부터 얼마가 지난 어느 날, 손님이 오지 않는 가게 안에서 청소를 하면서 "감사합니다!"를 반복하고 있는 내 앞에 우주님이 나타났다.

"이봐, 히로시!"

"아! 갑자기 나타나서 깜짝 놀랐습니다!"

"지금 당장 자동차 구입하러 가!"

"네? 자동차요?"

"그래. 너, 경차를 패밀리카로 바꾸고 싶다고 했지?"

"아, 그런 말을 하기는 했지만 굳이 지금은…."

"바꾸고 싶으면 바꾸는 거야. 다음 주에 드라이브
가기 전에 당장 구입해! 그렇지 않으면 내가 탈 좌석이
부족하잖아! 경차는 너무 작다고!"

"무, 무슨…. 드라이브까지 따라올 생각입니까?"

"됐으니까 빨리 가!"

우주님에게 밀리듯 가게를 나온 나는 아내에게 전화를
걸어 "지금 자동차 바꾸러 가자."라고 말했다. 그러자
아내는 "세상에! 자동차를 사러 가면서 무슨 샌드위치를
사러 가는 것처럼 말하네요!" 하고 놀란 목소리로
말했지만 이것도 뭔가 의미가 있을 것이라고 생각한 듯,
함께 얼마 전에 인터넷을 통해서 보았던 중고차 매장을
찾아가보기로 했다.

고속도로를 달려 센다이의 어느 인터체인지를
빠져나오자마자 위치한 장소에서 내가 원하는 자동차를
60만 엔에 판매하고 있었는데, 막상 도착해보니 문이
닫혀 있었다. 문에 붙어 있는 종이에는 "사원 연수를 위해
1년에 한 번 문을 닫습니다."라는 글이 씌어 있었다.

"뭐야, 하필이면 왜 오늘이 쉬는 날이야?"

나는 맥이 빠져서 우주님을 노려보았지만 우주님은

콧노래를 부르고 있었다. 그 모습을 보고 역시 이대로 돌아가는 것은 왠지 아쉬운 느낌이 들어서, "반드시 오늘 자동차를 살 거야!"라고 선언하고 근처의 다른 매장을 조사했고, 회사에서 직영으로 운영하는 중고차 매장을 찾아가기로 했다.

"어서 오십시오!"

산뜻한 느낌을 주는 젊은 판매원이 나를 맞이해주었다.

"인터넷에 올린 자동차를 보고 싶습니다. 그리고 가능하면 지금 당장 구입할 생각이니까 내 자동차도 가격을 알려주십시오."

"네? 지금 타고 오신 자동차의 가격이요?"

"네! 담당자가 없습니까?"

"아니, 제가 담당자입니다. 하지만 해본 적이 없어서."

"네? 하지만 담당자이지 않습니까?"

"네, 그렇습니다."

"그럼 견적을 내주십시오!"

"네? 견적이요?"

"네."

"중고차 견적은… 내본 적이 없어서…."

"네? 경험이 없어요? 하지만 담당자이지 않습니까?"

"네, 그렇습니다."

"그렇다면 견적 부탁합니다."

"그럼 부장님에게 여쭈어보고 올 테니까 잠시만 기다려주십시오."

'뭐야, 여기 괜찮은 곳인가?'

그리고 이삼 분 후 돌아온 그가 이렇게 말했다.

"견적을 내봤는데… 너무 낡아서 값이 전혀 나오지 않습니다."

"네? 제로라고요? 최소한의 값도 매겨지지 않습니까?"

그는 머리를 긁적이면서 냉정한 목소리로 말했다.

"네, 제로입니다."

"그, 그럴 수도 있습니까?"

"그보다 여기까지 어떻게 오셨습니까?"

"고속도로를 이용해서 왔는데요."

"네? 왜 고속도로를 이용했지요? 여기까지는 고속도로보다 일반도로가 더 빠른데요."

"그야…."

"왜 고속도로를 이용했는지 모르겠네요. 저 같으면 고속도로는 이용하지 않았을 텐데…. 엄청나게 돌아오는 길이잖아요."

"네?"

이해하기 어려운 대화가 계속 이어지는 동안, 우주님은
재미있다는 듯 빙글빙글 웃고 있었다.

'뭐야! 지금 나를 놀리는 건가?'

"뭐가 그렇게 재미있습니까? 우주님이 드라이브를
하고 싶다고 해서 자동차를 바꾸러 온 건데, 방해나
하고!"

"방해는 무슨!"

"이상한 판매사원이나 만나게 하고, 이게 방해가
아니고 뭡니까!"

"뭐라고? 이러니저러니 떠들지 말고 어서 빨리
행동이나 해!"

"행동한 결과가 이렇지 않습니까!"

"지금 이 순간의 상황만 보고 판단하지 마!"

우주님의 장난스런 표정에 더욱 이대로는 돌아갈 수
없다는 생각이 든 나는 자동차에 올라타 스마트폰을
이용해서 다시 근처의 중고차 매장을 알아보기 시작했다.

그런 나를 보고 아내가 말했다.

"굳이 오늘 구입하지 않아도 되잖아요."

"아니, 다음에 구입해도 되지만 오늘 사야겠어. 나는 제대로 된 대우를 받고 싶어. 그래서 확실하게 견적서를 받아본 뒤 돌아가고 싶어. 기분 좋은 대우를 받고 싶어."

나는 이렇게 아내에게 말하고 세 번째 매장을 찾아갔다. 그곳에서는 안정감이 느껴지는 중년의 판매원이 우리를 정중하게 맞아주었다.

"혼다의 라이프를 내놓고 오디세이를 구입하고 싶습니다."

원하는 차종을 보여달라고 말한 뒤에 내가 소유하고 있는 자동차의 견적을 내달라고 부탁했다.

"라이프의 등급은 어느 정도이지요?"

"등급이요? 그건 모르겠는데요."

"그렇습니까? 라이프는 판매원이 보아도 등급을 쉽게 알 수 없지요. 어디에서 구입하셨습니까?"

"○○의 JA 자동차 판매부입니다."

"아, 거기에는 K씨가 있는데 우리 매장에서도 자동차를 많이 가져가십니다."

"네? K씨요? K씨는 제 선배인데 그분에게서 구입한 것입니다!"

"그렇습니까? 그럼 틀림없이 원래는 우리가 가지고 있던 자동차일 것입니다! 견적을 내볼 테니 잠깐만 기다려주십시오."

'뭐지? 이 순조로운 흐름은?'

잠시 후, 판매원이 돌아왔다.

"고이케 씨, 이거 실은 한정판매를 했던 자동차입니다! 자동차 검사도 받은 지 얼마 지나지 않았으니 우리는 10만 엔을 드릴 수 있겠습니다."

"네? 정말이요? 그럼 이곳에서 판매하고 있는 오디세이를 10만 엔을 덜 내고 구입할 수 있겠군요? 더구나 12개월 보증으로?"

"12개월 보증이요?"

판매원이 고개를 갸웃거린다.

"네! 인터넷에 그렇게 씌어 있었습니다."

내가 이렇게 말하자 그는 즉시 조사해보겠다면서 사무실로 갔다가 돌아와서 말했다.

"아, 이건 잘못 올린 것입니다. 죄송합니다. 보증은 6개월입니다."

"그렇습니까…?"

"네. 하지만 이건 우리 회사 실수이니까 소장님께
확인해보겠습니다."

판매원은 잠시 자리를 비우고 소장실로 갔다가 다시
돌아왔다.

"어쨌든 우리가 12개월이라고 올렸으니까 이번에는
보증 기간을 12개월로 해드리겠습니다. 라이프도 원래
우리가 가지고 있던 자동차이고 즉시 재판매가 될
테니까요. 그리고 오디세이는 우리가 자동차 검사를 마친
뒤에 넘기도록 하겠습니다. 타이밍벨트도 갈아드리지요."

"저, 정말입니까?"

조금 전의 이상한 매장과는 전혀 다른, 믿기 어려울
정도로 순조로운 전개였다.

나는 당연히 그 자리에서 결정을 내렸다.

돌아오는 길에 아내가 이런 말을 했다.

"첫 번째 매장은 휴일이고, 두 번째 매장은 판매원이
아무런 관련도 없는 고속도로 이야기만 하더니 이번에는
당신이 원하는 대로 일이 진행되었네. 다행이야, 여보."

"그래. 정말 운이 좋았어."

그렇게 말하고 백미러를 보자 우주님이 뒷좌석에서

의기양양한 표정으로 앉아 있었다.

'설마! 일부러 이런 상황을….'

그날 밤, 나는 우주님에게 물어보았다.

"혹시 오늘 세 번의 사건, 우주님이 미리 설정해놓은 것입니까?"

"내가? 내가 아니라 그건 우주의 규칙이라고 말하는 거야."

"하지만 내가 도중에 포기하고 돌아왔다면 자동차는 구입하지 못했을 것 아닙니까?"

"그렇지. 그게 정말 중요한 거야."

한 치 앞은
'어둠'이 아니라
'광명'이다

우주에 주문을 하면 우주는 반드시 드라마틱한 스토리를 생각하면서 확실하게 실현해간다. 이것은 몇 번이나 히로시에게 설명한 내용이다. 주문을 했으면 우주가 보내주는 힌트를 따라 움직이면 된다.

예로부터 전해져 내려오는 많은 속담 중에 '두 번 발생한 일은 세 번 발생할 수 있다.'와 '세 번째의 정직함'이라는 속담이 있다. 주문을 했는데 순조롭게 진행되지 않을 때, 이중에서 어떤 것을 받아들이는가에 따라 모든 것이 결정된다. 주문을 한 뒤에 순조롭게 진행되지 않는 현상이 두 번 계속되었을 때, '두 번 발생한 일은 세 번 발생할 수 있다.'고 불안감을 느끼고 포기하는가, 아니면 '세 번째의 정직함'

이라고 생각하고 계속 행동을 하는가. 이것이 주문의 결과를 좌우하는 것이다.

'한 치 앞은 어둠'이라고 말하는 사람도 있지만, 본래 '한 치 앞은 광명'이다. 아무리 어두운 바닥이라고 해도 다음 순간, 믿기 어려운 기적은 발생한다. 단, 그것을 진심으로 믿어야 한다는 전제 조건이 붙는다.

돈이 다가오는 말버릇으로 가속도를 높인다

어느 날, 도쿄의 심리학 강좌를 수강하러 간 나는 백화점에서 아내와 아이들에게 줄 선물을 구입하려 하고 있었다.

그때, 문득 전부터 가지고 싶었던 폴 스미스 지갑에 눈길이 머물렀다. 그러자 우주님이 나타나 내게 이렇게 말했다.

"이봐, 히로시! 그거야. 그걸 구입해!"

"네? 이 지갑을요?"

"그래. 네가 가장 사용하고 싶은 지갑을 가진다는 건 돈이 들어오는 중요한 단계야. 돈이 에너지라는 사실은

이미 몇 번이나 이야기했지만 에너지를 발산하는
것들끼리는 우주에서 연결되어 있어."

"네? 그렇다면 돈끼리도?"

"물론이지. 그리고 항상 정보를 교환하고 있다고."

"네? 돈이 정보를 교환해요?"

"그래. 그러니까 돈이 좋아하는 사용 방법을 구사하지
않는 한, 돈은 멀어져가고 두 번 다시 돌아오지 않아.
돈은 사랑과 신뢰의 에너지이기 때문에 미소를 띠고
즐겁게 사용하고, 들어왔을 때에는 순수하게 기뻐하는
사람을 좋아해. 그리고 돈은 자신이 돌아가고 싶다고
생각하는 지갑으로 돌아오지. 깨끗하게 정돈된 곳에서
돈이 기분 좋게 지낼 수 있는 환경을 만드는 것이 돈을
순환시키는 비결이야. 돈끼리는 이런 대화를 나눠."

"그 지갑, 어땠냐?"

"더러워. 가지 않는 게 좋아."

"그 지갑은 어땠어?"

"주인이 너무 인색해. 거의 사용하지 않아서 썩는
냄새가 나."

"그래? 그럼 그 지갑으로는 가고 싶지 않은데."

"나는 두 번 다시 그 지갑으로는 돌아가지 않을 거야."

"어땠어? 좋은 지갑이었어?"

"응. 조금 전까지 있던 지갑 말이지? 정말 최고였어. 지갑 안이 정말 깨끗해. 주인은 기분 좋게 나를 반겨주었고 나를 꺼낼 때도 미소를 잃지 않았어."

"나도 그 지갑에 들어가고 싶다!"

"알았어. 그럼 다음에 같이 들어가자."

"그렇군요. 돈끼리 대화를 나눈다라⋯."

나는 즉시 폴 스미스 지갑을 집어 들고 이어서 아내가 가지고 싶다고 한 코치 지갑도 함께 계산대로 가지고 갔다.

그날부터 지갑에 기름을 바르고 지폐를 깨끗하게 펴서 가지런히 맞추기도 하는 등 기분 좋은 지갑을 만들기 위해 신경을 썼다.

한동안 시간이 흐른 어느 날, 하루 매상을 정산하고 나자 우주님이 나타났다.

"이봐, 히로시. 빚을 좀 더 빨리 갚을 수 있는 입금을 유도하는 최고의 말버릇을 가르쳐줄게."

"네? 감사합니다. 가르쳐주십시오! 뭐든지 하겠습니다!"

입금을
유도하는
최고의 말버릇

지금부터 입금을 유도하는 최고의 말버릇을 소개한다. 돈을 지불할 때 "돈을 지불할 수 있는 나는 대단한 인간이다!"라고 외친다. 나약한 인간인 히로시에게는 어울리지 않는 말이지만 이것이 가장 효과적인 방법이다. 돈을 지불할 수 있다는 자신감을 가지게 되면 우주를 신뢰하게 되기 때문이다.

"돈을 낼 수 있는 나는 대단한 인간이다!"를 하루 10회 말하라. 그리고 돈을 지불할 때에는 돈을 향해 반드시 이렇게 말하자. "감사합니다. 다음에는 친구를 데리고 함께 오십시오."라고.

그리고 또 한 가지, 돈이 들어왔을 때 한 장 한 장 정성스럽게 세면서 "돌아와 주셔서 감사합니다. 사랑합니다."라고 말한다. 기분이 좋아진 돈은 시간이 흐를수록 당신에게 모여들 것이다. 거짓말이라고? 일단 시험해보자!

마침내 빚을
모두 변제하다

    이후 나는 아무리 적은 금액이라도 그 돈을
지불할 때에는 "돈을 지불할 수 있는 나는 대단한
인간이다!"라고 중얼거렸다.

    또 무엇인가를 구입할 때에는 돈에게 "감사합니다.
다음에는 친구를 데리고 함께 오십시오."라고 말했다.

    매일 매상을 정산할 때에는 돈에게 "돌아와 주셔서
감사합니다. 사랑합니다."라고 말하며, 빚을 갚아나가는
쾌감을 맛보고 있었다.

    같은 숫자가 연속으로 이어져 있는 자동차 번호판을
보아도, 분홍색 크라운 자동차를 보아도, 적절한

타이밍으로 신호가 파란불로 바뀌어도 주저하지
않고 "그래! 이것으로 소원이 이루어졌어!"라고
중얼거리면서….

그리고 마침내 그날이 찾아왔다.

히로시: 어때? 준비됐어?

아내: 응.

(우주님: 당연하지!)

히로시: 즐거운 장소를 향해서!

둘째딸: 가고 싶어! 빨리 가고 싶어!

우주님이 나타나 빚 변제를 주문한 이후 9년.
마지막 변제일이 주문보다 1년 빨리 찾아왔다.

우리 가족은 마치 소풍이라도 가듯, 가족 네 명이 함께
일본정책금융공고로 향했다.
그것은 마치 축제에 참가하는 듯한 기분이었다.

마지막 남은 빚 21만 2389엔.

일본정책금융공고의 직원에게 그 돈을 건네는 순간, 그곳에서 큰 소리로 고함을 지르며 두 손을 번쩍 들어올리고, "축! 채무 완전 변제!"라고 외치고 싶었지만 다른 고객들이 많았고 분위기가 엄숙했기 때문에 마음속으로만 만세를 불렀다.

그리고 가족 전원이 초밥가게로 직행했다.

아내: 마침내 끝났어요.

히로시: 응, 드디어 끝났어!

(우주님: 끝이 났구나.)

아내: 고생했어요, 여보.

히로시: 고마워. 당신이 고생했지.

(우주님: 휴, 뭐 이 정도는 식은 죽 먹기였지.)

"여보, 우리 집은 정말 행복한 집이야!"

나는 아내에게 그렇게 말하고 허공에 두둥실 떠 있는

우주님, 미도리, 가라스덴구 3인조를 바라보았다. 그러자 딸이 내가 본 방향을 바라보며 이런 말을 했다.

"아참, 아빠! 나, 미하고 둘이 하늘에 떠 있었어!"

"허어, 그래?"

"응. 그래서 우리가 아빠와 엄마를 선택하고
하느님에게, '저기에 있는 아빠와 엄마의 딸로
태어나겠어요.'라고 말하고 아빠, 엄마에게로 내려온
거야!"

"그랬어? 우아, 아빠랑 엄마는 정말 행복한 사람이네!"

미래는 정해져 있었다

그날 밤, 가족이 잠이 든 후 나는 냉장고로 가서 발포주를 꺼냈다.

피식!

"응? 히로시, 그거 발포주 아냐?"

"네, 맞습니다. 오늘은 이것으로 건배를 하려고요."

"하하하! 너도 우주처럼 드라마틱해진 것 같은데."

나는 우주님과 조용히 건배를 했다.

"그때 우주님이 샤워기 헤드에서 나와 내게 '포기하지 마.'라고 말해주지 않았다면 나는 파산을 했거나 죽었을 것입니다. 그때 포기하지 않았기 때문에, 우주님이 포기하지 않도록 나를 이끌어주었기 때문에 지금의 내가 존재하는 것이지요. 정말, 정말 감사합니다! 그리고… 나를 믿어주어서 정말 감사합니다. 세상에서 가장 아름다운 아내를 만나게 해주어서, 예쁜 딸들을 얻게 해주어서, 정말, 정말 감사합니다. 나는 지금 정말 행복합니다."

"하하하! 뭐야, 새삼스럽게. 뭐, 너도 나의 위대함을 알게 된 것 같군. 하지만 한 가지 가르쳐주지. '포기하지 마.'라고 속삭였던 건 내가 아냐."

"네?"

"그건 내가 아니었어. 지금의 너였지."

"그, 그게 무슨 말씀입니까?"
"그럼 채무 완전 변제를 기념해서 중요한 우주의 구조를 가르쳐주지. 사실 우리는 시간이 과거에서 미래로 흘러간다고 생각하지만, 우주에 시간의 개념 따위는

없어. 굳이 말한다면, 시간은 미래에서 과거로 흐른다고
말하는 쪽이 더 정확한 표현이겠지."

"미래에서 과거로?"

"지금의 너는 채무를 모두 변제할 수 있을 것이라는
사실을 알고, 과거의 네게 메시지를 보낸 거야."

"네? 과거의 내게 메시지를? 그게 가능합니까?"

"당연히 가능하지. 그렇지 않다면 내가 왜 과거와
현재와 미래를 오가면서 너를 보살펴주겠냐?"

"네? 우주님이 과거와 현재와 미래를 오간다고요?"

"그렇지."

"그 말은 미래도 알고 있었다는 뜻입니까? 내가
빚을 모두 갚을 것이라는 사실도? 그리고 지금부터의
미래도?"

"당연히 알고 있지. 그런데 왜?"

"그게… 10년 후의 나는 어떻게 됩니까?"

"너 바보냐? 그걸 체험하고 싶어서 지구로 내려왔는데
내가 미리 가르쳐주면 무슨 재미가 있냐?"

"……."

"굳이 말한다면 미래의 네가 보내는 메시지에 귀를

기울이면 돼."

"미래의 내가 보내는 메시지?"

"그래. 그것이 우주로부터의 최고의 힌트이니까.
그리고 현재의 너는 과거의 네게 힌트를 보내는 거야.
사랑과 신뢰를 함께 담아서. 자, 과거의 네게 메시지를
보내봐."

"네? 그걸 어떻게…?"

"현재의 너이기 때문에 가능한 거야. 빚을 모두 갚은
현재의 너이기 때문에. 그날의 네가 들을 수 있도록
메시지를 보내는 거야. 나는 네 어린 시절부터 줄곧
우주가 소원을 들어준다는 사실을 가르쳐주었어. 그런데
과거의 히로시는… 도중에 그 사실을 잊어버렸다. 우주의
목소리 따위가 들릴 리는 없다는 세상의 상식에 빠져서
말이야. 그리고 우주 파이프를 오염시켜서 빚투성이가
되었지. 우주에 주문을 해서 빚을 모두 변제한 현재의
네가 메시지를 보내면 과거의 네가 틀림없이 반응할
거야. 그리고 현재의 너는 과거의 네가 빚을 갚기를
포기한다면 난처해지겠지?"

"네! 당연히 그렇지요!"

"그렇다면 현재의 네가 9년 전의 너를 만난다면 어떻게

할래? 그때 그 눈물콧물을 흘리며 탄식을 하던 너를
만난다면?"

"그건…, 현재의 나는 이미 빚을 모두 변제했고,
행복하게 살고 있으니까 절대로 포기하지 말라고
말하겠지요."

"그렇지? 그럼 포기하지 말라고 말해."

"네? 어떻게요?"

"시간은 미래에서 과거로 흐르고 있다고 하잖아.
즉, 미래로부터의 목소리는 과거에 전달되는 거라고.
과거는 바꿀 수 있는 거야. 그러니까 과거를 향해서 크게
소리치라고!"

나는 시키는 대로 과거의 나를 떠올리며 힘주어
말했다.

"포기하지 마, 포기하지 마. 지금 포기하면 안 돼. 너는
반드시 행복해질 거야. 미래의 너는 정말 행복해져서
최선을 다해 노력해준 네게 감사할 거야. 그러니까
부탁이야. 포기하지 마. 절대로 포기하지 마."

"그래. 잘했어. 그럼 나는 이제 과거의 너를 만나서
교육 좀 시키고 올게. 또 보자고, 히로시!"

우주님은 그렇게 말하고 샤워기 헤드 안으로 사라졌다.

텔레비전 광고에 이런 내용이 나온다.

"당신이 지나치게 사용한 돈, 회생을 통해서 처음 상태로 되돌릴 수 있습니다. 지금 당장 전화를!"

이 말에 나도 즉시 관심이 갔다. 12년 전, 당시 끌어안고 있던 빚 2천만 엔 중에서 600만 엔을 이른바 사채를 쓰고 있었기 때문에 "나를 위한 광고인가?" 하고 생각할 정도였다. 나는 즉시 법률사무소로 달려갔다.

"그럼 어디에서 어느 정도의 돈을 빌렸는지 그 내역과 금융기관을 가르쳐주십시오."

"네, A금융에서 250만 엔."

"네? A금융이요? 아, 거기는 가장 빌려서는 안 되는 곳인데…. 다음은요?"

"네, B금융에서 150만 엔."

"네? 아, 거기도 가장 빌려서는 안 되는 곳인데…. 음, 다음은요?"

'둘 다 아니라니, 이거 뭐야?'

"네. C금융에서 150만 엔, D금융에서 50만 엔입니다."

"…아, 고이케 씨, 전부 가장 빌려서는 안 되는 곳에서 빌리셨군요. 죄송하지만 이건 회생은 어렵겠습니다. 파산이면 몰라도."

"네?"

나는 네 군데의 법률사무소를 돌아다녔지만 모두 이런 식이었다.

지금에 와서는 "정말 잘 버텼어."라는 생각이 든다. 변호사도 무리라고 말할 정도로 높은 사채 이자를 감당하면서 결국 모두 변제했다는 사실이 '믿음직하게' 느껴진다. 새삼 과거의 내게 "잘 버텨주어서 고마워."라고 감사의 말을 전하고 싶다. 지금의 내가 존재하는 것은 빚투성이였던 시절이 있었기 때문이다. 사방이 꽉 막힌 상황이었다.

"눈에 보이지 않는 힘이건 무엇이건 행복과 연결될 수 있는 것이 있다면 뭐든지 할 거야."

이렇게 생각했을 때, 우주님의 목소리가 들렸다.

"어떻게 해서든 행복한 현실을 만들 거야!"

그렇게 마음먹었더니 우주님이 마치 기다렸다는 식으로 다양한 힌트를 제공해주었다. 그 '힌트를 전하고 싶다'는 마음 때문에 이 책은 탄생했다. 나처럼 나약한 사람도 해낸 일이니까 이 책을 읽는 여러분도 틀림없이 각자가 놓여 있는 현재 상황을 호전시킬 수 있을 것이다.

질문이 나올지 모르니까 자세한 내막을 이야기하기로 한다. 이 책에서 등장한 에피소드, 예를 들어 고양이를 안고 있는 노부인이나, 갑자기 모르는 계좌가 발견되어 몇만 엔의 깜짝 수입이 들어온 이야기, 숄을 발견한 이야기, 자동차를 바꾸기 위해 딜러를 찾아다닌 이야기 등 이 책에서 이야기한 내게 발생한 일들은 모두 실화다.(고양이를 안고 있는 노부인은 지금도 찾고 있다.)

'우주님'은 내 눈에 보인 것은 아니고 강한 목소리만 들렸다. 그래서 나의 내부에서 그리고 있던 이미지를 캐릭터로 표현한 것이다. 아내와의 인연을 맺어준 '미도리'도, 숍이 있는 장소를 가르쳐준 '가라스덴구'도 목소리를 바탕으로 표현한 내 마음속의 이미지다.

'우주님', '미도리', '가라스덴구'는 간단히 말하면 나를 찾아온 '직감' 같은 것이라고 말할 수 있다. '찾아왔다'고 말하면 그 순간 괴이한 느낌이 들 수도 있지만 그런 말은 자주 듣고 있기 때문에 상관없다.(웃음) 이들이 일으키는 기적 같은 '현실'을 전해서, "직감은 중요한 것인지도 몰라. 히로시도 그 직감 덕분에 빚을 모두 갚았으니까. 인생 역전을 이루었으니까."라고 생각하기를 바라는 마음으로 책이라는 형식을 통하여 '우주로부터의 목소리'를 전하기로 한 것이다.

나는 지금도 이루고 싶은 일이 있으면 우주에 주문을 하거나 질문을 하고, 힌트를 얻는다. 대부분은 아침에 조깅을 할 때 이루어진다. 그리고 힌트를 얻으면 즉시 행동에 옮긴다. 나의 일상에서는 이것이 당연한 일이 되었다.

나는 매일 당연한 듯 '감사합니다.', '사랑합니다.'를 되뇌고 마음속으로도 끊임없이 이 말들을 되풀이한다. 그렇기 때문에 '감사합니다.'와 '사랑합니다.'라는 이 말을 많은 사람들에게 전하고 싶다. 말의 힘을 사용하면 그 '전제'도, '당연함'도 바뀐다. 현실이 바뀐다. 그렇기 때문에 말의 습관을 바꾸는 것이 얼마나 중요한지, 아니 그보다 '그로 인하여 발생하는 행복'을 전하고 싶다.

아, 우주님이 뭔가 말을 하고 싶은 것 같다.

"걱정하지 마. 괜찮아. 당신은 운이 좋아! 인생은 겁먹을 게 하나도 없는 거라고!"

역시 자신감이 넘친다. 하지만 정말 그렇다. 걱정할 필요는 없다. 사람은 행복해지기 위해 태어났다. 즉, '행복해진다'는 것을 결과로 정하고 태어나 그 결과에 이르기까지의 '행동'을 즐기려 하는 것이다. 즉, 결국은 행복해지게 되어 있다. 그렇기 때문에 겁먹을 필요는 전혀 없다.

"우주는 모두가 행복해지도록 구성되어 있으니까 나는 걱정 없어!"

부디 이렇게 말하자. 이 말을 습관으로 갖추고 매일 되뇌면 '게임' 설정이 바뀐다. 인생의 난이도를 수준 1로 할 것인지, 수준 5로 할 것인지는 본인이 정하는 것이다.

'빚을 모두 갚고 지금 진심으로 즐겁게 생활하고 있는 모습을 돌아가신 아버지에게 보여드리고 싶어. 아니, 틀림없

이 보고 계실 거야. 우주에서!'

　이것이 이 책을 끝내고 가장 먼저 떠오른 생각이었다. 부모님께는 많은 걱정을 끼쳐드렸고 많은 격려를 받았다. 진심으로 감사를 드린다. 그리고 빚을 끌어안고 있는 사람임에도 불구하고 나를 평생의 동반자로 선택해준 아내, 늘 밝은 웃음으로 지원해준 딸들에게도 진심으로 감사한다. 앞으로도 더욱 행복해지기 위해 서로 노력하기를 바란다.

　우주님이 가르쳐준 법칙을 책이라는 형태로 만들면서 많은 분들에게 신세를 졌다. 나의 이미지를 멋지게 그려준 일러스트레이터 아베 나오미 씨, 다양한 에피소드를 놀라울 정도로 이해하기 쉽게 구성해준 마루 씨, 선마크 출판의 하시구치 하나에 씨, 만나지는 못했지만 이 책에 관여해주신 많은 분들…. 여러분 덕분에 이렇게 멋진 '책'이 만들어졌다. 감사 이외에는 드릴 말이 없다.

"진심으로 감사드립니다! 사랑합니다!"

마지막으로, 끝까지 읽어주신 독자 여러분들이 행복해질 수 있도록 우주에 주문을 하면서 응원을 보낸다!

사랑합니다! 사랑의 빔!

2016년 8월 센다이에서

2억 빚을 진 내게
우주님이 가르쳐준
운이 풀리는
말버릇

초판 1쇄 발행 2017년 8월 14일
초판 25쇄 발행 2024년 7월 1일

지은이 | 고이케 히로시
옮긴이 | 이정환
펴낸이 | 한순 이희섭
펴낸곳 | (주)도서출판 나무생각
편집 | 양미애 백모란
디자인 | 박민선
마케팅 | 이재석
출판등록 | 1999년 8월 19일 제1999-000112호
주소 | 서울특별시 마포구 월드컵로 70-4(서교동) 1F
전화 | 02)334-3339, 3308, 3361
팩스 | 02)334-3318
이메일 | book@namubook.co.kr
홈페이지 | www.namubook.co.kr
블로그 | blog.naver.com/tree3339

ISBN 979-11-86688-96-0 03320